JN418215

밴 드
공동체
만들기

교회의 체질을 바꿔라

| 장학일 지음 |

쿰란출판사

교회여 체질을 바꿔라

추천사

이 시대는 바야흐로 세기말적 가치관의 혼란과 윤리의 부재, 본질을 상실한 신앙의 형식으로 치닫고 있다. 그 어느 때보다도 복음을 통한 올바른 방향성의 제시가 절실한 때라고 할 수 있을 것이다.

그러나 오늘날의 교회는 이러한 시대적 요구에 부응하기보다 구태의연한 개교회 성장주의에 지나치게 집착해 온 것이 사실이다. 이러한 신앙적 중심의 부재현상은 타성에 젖어 참된 그리스도교의 본질을 외면했던 18세기 영국의 교회를 떠오르게 한다. 그 암울한 영적 빈곤의 시절에 복음적 부흥운동(evangelical revival)의 기치를 높이 들고 일어났던 존 웨슬리의 강력한 소명의식과 철저한 신앙적 삶의 이정표야말로 이 시대가 당면한 신앙적 과제를 해결할 수 있는 가장 효과적인 단안이라 아니할 수 없다.

이러한 상황에서 장학일 목사의 자전적 목회담과 더불어 웨슬리의 밴드(BAND) 목회를 현대 교회에 적용한 목회보고서가 책으로 엮어져 나온 것은 더할 나위 없이 반가운 일이라 할 것이다.

사실 그 동안 웨슬리의 교회 조직이 한국 교회에 전혀 적용되지 않은 것은 아니었다. 그가 시도한 속회 조직은 이미 교파를 초월하여 널리 애용되는 한국 교회의 한 특징이요 자랑거리가 된 것은 어제, 오늘의 일이 아니다. 더구나 한국 교회 성장의 비결이 새벽기도회와 더불어 속회(혹은 구역회)에 있다는 사실은 이미 공공연히 인정되고 있는 분석인 것이다. 하지만 이러한 속회 조직에 대한 교단 안팎의 긍정적인 평가에도 불구하고 현재의 속회 조직만으로는 정체된 한국 교회를 갱신하기에 역부족이라는 점도 부인할 수 없는 현실이다.

사실 웨슬리의 조직을 잘 살펴보면 그가 운영한 소그룹은 속회 외에 밴드(BAND)라는 조직도 포함하고 있음을 알 수 있다. 이 밴드는 속회 내의 열심 있는 소수의 멤버들로 구성되어 서로의 신앙과 삶을 돌아볼 뿐 아니라 교회 내의 다양한 사업에 주도적으로 참여하는 모임이었다. 이러한 측면에서 장학일 목사가 시대를 열어가기에 충분한 사역임을 믿어 의심치 않는 것이다.

장학일 목사는 한국 교회의 많은 목회자들 가운데 매우 열심 있는 사역자 중 한 사람이다. 그의 복음에 대한 열의와 꺾일 줄 모르는 목회적 의욕은 그를 인정받는 목회자의 반열에 올려놓았다. 그쯤 했으면 이제 안주할 만도 한데 그는 오히려 더욱더 불붙은 가슴으로 사역을 펼쳐나가고 있다.

또한 그는 새 시대를 바라보는 사람이다. 금번에 그가 펴내는 책은 회고록적인 요소를 띠고 있다고는 하지만 동시에 다분히 미래지향적이다. 오늘날 많은 목회자들이 미래에 대한 목적의식을 상실하고 대안을 찾지 못해 헤매고 있다. 나는 이 책에서 그가 강조하는 가치관의 회복과 타협 없는 신앙, 그리고 교회의 본질을 되찾으려는 모든 노력들이 미래를 상실한 사람들에게는 새 시대의 비전을 주고, 길을 찾지 못하는 자들에게는 등불이 되어 주기를 바란다. 이것이야말로 우리 시대에 주어진 과제이며 소명인 것이다.

나는 이 책이 하나님의 뜻 가운데 이 세상에 나온 것을 진심으로 축하함과 아울러 주 안에서 아끼는 장 목사와 그가 섬기는 교회의 끊임없는 발전을 바라면서 기쁜 마음으로 이 책을 추천하는 바이다.

전 감리교신학대학교 총장

고(故) 염필형

개정증보판을 내며_ 서문

내가 시무하고 있는 예수마을교회(구 신당제일교회)는 비교적 양적으로 잘 성장하고 있는 교회 중 하나였다. 하지만 교회가 양적으로 성장했다고 해서 목회적인 물음들이 사라지는 것은 아니다. 외형적으로 보기에 예수마을교회는 나름 괜찮은 교회였지만, 정작 내면적으로는 성도들의 모습이 세상 사람들과 별반 다를 바 없는 성숙하지 못한 모습이었다. 그러한 모습을 보면서 예수마을교회가 진정 교회다운 교회가 되기 위해서는 변해야만 한다는 절박한 심정을 품게 되었다. 그때가 목회 17년째에 접어들었을 때의 일이다.

그러나 교회를 변화시키는 일은 생각처럼 쉽지 않았다. 내가 변화시키고자 하는 교회가 이미 1,500여 명이 모이는 기성교회였기 때문이다. 그것은 교회가 온전하지는 않지만 나름대로 긍정적인 역동성을 가지고 있다는 것을 의미하며, 따라서 이 시점에서 꼭 변화를 추구해야 하는가 하는 의문과 함께 미래에 대한 막연한 두려움도 있었던 것이다. 하지만 여기서 멈춰버린다면 목회를 내려놓는 날까지 예수님의 형상을 닮은 성숙한 그리스도인을 끝내 길러내지 못할 것이라는 생각이 들었다.

그러한 고민 속에서 내가 선택한 것이 바로 '밴드목회' 이다. 나름대로 대가족을 거느린 교회를 새로운 모습으로 탈바꿈한다는 것이 때로는 너무나 힘들고 어려운 여정이었다. 하지만 그 가운데서 느꼈던 희열과 감격은 그 고통보다도 수십 배, 아니 수백, 수천 배 더 컸다. 그만큼 밴드목회는 나의 목회 인생에 있어서 잊을 수 없는 감동들을 선물해주었다. 그것도 나에게 실망을 주었던 그 평신도들을 통해서 말이다.

그 모든 과정들을 이 책을 통해 간략하게나마 소개하고자 한다. 전체적인 내용을 간략하게 소개하자면 1부에서는 예수마을교회의 개척에서부터 성장까지의 이야기가 담겨 있다. 2부는 이미 성장한 기성교회가 무엇 때문에 밴드목회로 전환하게 되었는지 그 이유를 말해주고 있다. 그리고 3부에서는 밴드목회가 무엇인지에 대해 잘 '이해' 하고 '적용' 할 수 있도록 최대한 쉽게 풀어 쓰려고 노력했다. 이를 통해 밴드목회가 무엇인지, 또한 어떻게 우리 교회 현장에 적용할 것인지에 대한 감을 잡을 수 있을 것이다. 한편 4부는 밴드목회가 진행되면서 어떤 일들이 일어났는지 소개하는 글이다. 애초에 《교회의 체질을 바꿔라》 초판에는 없었던 내용인데 2002년 개정증보판을 내면서 덧붙여졌고, 다시금 개정을 하면서 한 차례 더 손을 보았다. 《교회의 체질을 바꿔라》가 밴드목회의 구조와 틀을 설명하기 위해 쓴 책이기 때문에 밴드목회를 시작하려는 이들에게 밴드목회에 대한 전반적인 조감도 역할을 해줄 것이다.

그런데 여기서 꼭 한 가지 당부하고 싶은 것이 있다. 그것은 진심으로 밴드목회에 대해 관심을 가지고 있다면 꼭 **《예수마을 이야기》**와 이 책을 함께 읽으라는 것이다. 그 이유는 《예수마을 이야기》가 나의 목회 30년을 정리하면서 지나온 목회의 전반적인 흐름과 현재의 모습, 그리고 미래의 비전까지 제시하고 있기 때문이다. 다시 말해 밴드목회를 통해 예수마을교회가 현재 어느 자리에 와 있고, 또한 무엇을 지향하며 나아가는지 보다 명확하게 볼 수 있다는 말이다. 한 마디로 **《교회의 체질을 바꿔라》**가 **'나무'** 라면, **《예수마을 이야기》**는 **'숲'** 이라고 할 수 있다. '숲'과 '나무' 를 다 볼 줄 알아야 산 전체를 잘 감상할 수 있듯이 이 두 권의 책을 통해 밴드목회의 핵심 뼈대와 전체적인 비전을 함께 공유할 수 있을 것이다.

그런 이유로 이번 개정판을 내면서 《예수마을 이야기》와 겹치는 이야기들은 전체적인 흐름상 꼭 필요한 부분이 아니면 제외시키려고 노력했다. 《교회의 체질을 바꿔라》가 목회 17년을 결산하며 쓴 책이고, 《예수마을 이야기》가 30년을 결산하며 쓴 책이니 그 흐름상 겹치는 이야기가 있을 수밖에 없지 않겠는가? 따라서 이 책에서는 더욱 밴드목회의 전체적인 구조와 구체적인 실행방안을 설명하는 데 중점을 두었다.

처음 밴드목회를 시작한 것이 목회를 시작한 지 17년째 되던 해였다. 그런데 이렇게 개정판을 내놓는 시기가 공교롭게도 밴드목회를 시작한 지 17년이 다 되어가는 시기다. 참으로 아이러니한 일이라 생각된다. 그만큼 이제 밴드목회는 나에게 오랜 기간 함께해 온 목회의 동반자요 친구가 되었다.

나는 이 책의 출간을 계기로 본격적으로 밴드목회 네트워크를 구축해갈 생각이다. 이제 청년의 때를 맞이하는 밴드목회가 세상을 향해 힘차게 나아가야 할 때가 되었다고 생각하기 때문이다. 아무쪼록 이 책을 통해 밴드목회가 더욱 활성화되기를 기대하며, 한국 땅에 다시 한 번 부흥의 불길을 일으키는 데 자그마한 촉매가 될 수 있기를 소원해본다.

2012년 겨울

예수마을교회 서재에서

장학일 목사

차례

제4부 \ 밴드목회, 그 끝나지 않은 실험

교회여 체질을 바꿔라

제1부 개척에서 성장까지

1. 시장 목회의 시작
2. 목회의 토양
3. 열정을 불태우다
4. 시련과 마주하다
5. 끊임없는 성장과 훈련
6. 목회자가 포기해야 교회가 성장한다
7. 성공한 목회자?
8. 교인들의 현실
9.종교인인가? 그리스도인인가?

1. 시장 목회의 시작

내가 태어나 자란 곳은 섬이다. 탁 트인 바다와 아름다운 전경은, 지지리도 가난했던 시절이었지만 그곳은 내게 꿈과 희망을 선사해 주었다. 그래서인지 분주한 도시생활은 내게 왠지 거리감과 낯선 느낌을 주곤 했다. 신학교를 졸업하고 목회지를 위해 기도하던 나는 당연히 한적한 시골이나 조용한 지방도시를 염두에 두었다. 여건이 허락된다면 서울의 한적한 주택가에서 목회하고 싶다는 것이 작은 내 바람이었다.

하지만 그러한 나의 뜻은 번번이 좌절되고 말았다. 몇 번의 기회가 주어져 짐을 꾸려 임지에 가보면 꼭 다른 목회자가 이미 부임해 있든지, 아니면 여러 가지 이유들로 인해 가지 못하는 상황이 발생했다. 당연히 하나님께서 허락하신 일이라고만 믿고 있던 내게는 여간 곤혹스러운 일이 아닐 수 없었다. 나에게 불타는 소명을 주신 그분의 뜻을 헤아리기 어려웠다. 20대 중반의 혈기왕성한 한 신학도의 답답함은 시간이 갈수록 더해 갔다.

그러던 차에 우연히 나는 전에 내가 교육전도사로 봉사하던 교회가 있던 곳에 들르게 됐다. 서울시 한가운데 중구에 위치한 중앙시장이 바로 그곳이다. 중앙시장은 이웃의 동대문시장이나 광장시장처럼 특화되어 있는 곳이 아닌 그저 평범한 재래시장일 뿐이었다. 때문에 중앙시장 사람들은 부를 축적한 상인들이 거의 없었다. 그저 가난하고 갈 데 없는 사람들, 하루 끼니를 늘 걱정해야 하는 그런 사람들이 살고 있던 곳이었다.

섬과 자연에 대한 서정을 간직하고 있던 나에게 중앙시장은 그리 정감 가는 곳이 아니었다. 그런데도 그곳에서 우연히 만난 한 성도는 내게 투박한 손을 내밀며 연신 반가워했다.

"그래 별고 없었는지요?"

"아이구마 별일은요. 그냥 먹고 사는 거지요."

"교회는 잘 다니시고요?"

"교회요? 벌써 이사 갔어요. 우리같이 시장에 매인 사람들은 그냥 주저앉아 버렸지요."

"아, 그래요? 그러면 가까운 다른 교회라도 다니시지 않고요."

"왜 안 다녀봤겠습니까? 그런데 시장에서 멀기도 하고, 장사 마치면 맨날 밤인데 예배드릴 수가 있어야지요. 그리고 우리 같은 사람들은 관심도 안 줍디다. 못 살고, 못 배우고, 성질 더럽다고 별로 상종도 안 해주더라고요. 그래서 마음은 있는데 안 가게 되네요."

코끝이 찡했다. 아무도 사회의 가장 밑바닥에서 거칠게 살아가는 그들과 친구가 되려 하지 않았던 것이다.

"그러면 그런 분들이 또 있습니까?"

"예, 몇 됩니다. 그냥 교회가 시장 한가운데만 있다면 얼마나 좋겠습니까?"

며칠 동안 나는 내내 그 교인의 말을 되뇌었다. 냄새나고 칙칙한 시장 골목, 언제나 사람들로 북적거리지만 누구도 그 속에서 살려고 하지 않는 곳, 거기에도 복음을 갈망하는 사람들이 있었던 것이다.

그러나 그곳은 나에게 어울리지 않는 곳이었다. 돌아다니다 보면 정신 나간 사람도 숱하게 많았고, 온 천지가 술주정뱅이에 싸움꾼들 투성이었다. 들어오면 나가고 싶은 그곳에서 나의 첫 목회를 시작하고 싶지는 않았다.

하지만 그것은 내 생각이었다. 온종일 아무 일도 잡히지 않았다. 기도를 하면 온통 시장 광경이 눈에 선했다.

"하나님, 전 어찌합니까?"

깊은 고민 끝에 나는 다시 한 번 그들을 찾아가기로 마음을 먹었다. 또 한 번의 나의 방문을 그들은 무척 좋아했다. 그들에겐 친구가 필요했던 것이다. 나는 그 자리에서 성경을 펼쳐들고 말씀을 전했다. 그리고 그들을 위해 기도해주었다. 그들은 장터에 널려 있던 것들로 나를 대접하면서 고마움을 표시했다. 나는 그때 예수님께서 가난한 자들과 세리와 창녀들과 더불어 식사하신 의미를 조금이나마 깨달을 수 있었다.

저녁에 돌아와 기도하면서 나는 그들과 더불어 말씀을 나누게 하신 하나님께 감사드렸다. 늘 가난한 자와 더불어 삶을 나누고, 사랑을 실천하라고 하신 주님의 말씀을 전하던 나였지만 그것이 얼마나 힘들고 어려운 일인지 느낄 수 있었다. 하지만 그때 이미 나는 이것이 하나님께서 내게 허락하신 일이라는 느낌을 가지고 있었다. 더 정확히 말하자면 이미 그곳에서 그들과 더불어 먹고, 마시고, 함께 살고 계신 예수 그리스도의 사역에 내가 동참해야 한다고 생각하게 된 것이다. 나보다 먼저 그곳에 계셨던 그분이 영광스럽게도 나를 그곳으로 초대하셨다는 사실에 말로 형용할 수 없는 기쁨을 느꼈다. 밤이 새도록 기도하면서 마침내 나는 중앙시장에 감사함으로 들어가겠노라고 고백했다.

2. 목회의 토양

감격적인 결단을 통해 중앙시장에 들어왔건만 시장에서 목회한다는 것이 생각처럼 쉬운 일이 아니었다. 나는 이내 수많은 목회 토양 중에서 가장 거칠고 힘든 자갈밭 길을 선택했다는 것을 알 수 있었다. 지금 생각해보면 그저 웃어 넘길 수 있는 일이지만 당시에는 시장 사람들의 생소한 모습과 환경에 당황했던 적이 한두 번이 아니다. 예배당 안에 떡하니 자리 잡고 있던 화장실 하며, 손님이 멸치 몇 마리 집어 먹었다고 멱살 잡는 교인, 자리 문제로 치고 박고 싸우는 교인, 담배 피우면서 헌금 계수하는 교인, 자기 맘에 맞지 않는다고 내 뺨을 때리고 단벌 양복을 찢어버린 교인 등 이루 다 말할 수 없는 일들이 눈앞에서 펼쳐졌다.

그런데 희한한 것은 그럴수록 중앙시장을 벗어나고 싶은 것이 아니라 더욱더 애착이 가는 것이었다. 그러한 일련의 사건들을 겪으면서 나는 교인들을 더욱 강하게 훈련시켜야겠다고 다짐하였다. 그들의 삶이 어렵고 힘들다고 그냥 내버려두었다가는 신앙 자체가 기형적이 되는 것을 깨달았기 때문이다.

나의 목회적 토양을 설명하기 위해 내가 경험했던 일들 중에서 몇 가지만 소개하자면 이런 일들이 있었다.

하나 : 돈 좀 법시다

교회가 막 자리를 잡아갈 무렵 어느 때부터인가 교회의 전기요금이 너무 많이 나오기 시작했다. 나는 건물이 낡아 계량기가 잘못되어 그런 것이겠지 하고 대수롭지 않게 생각했다. 그런데 몇 달째 그런 일이 계속되자 어쩔 수 없이 한전에 의뢰해 원인이 무엇인지 알아보기로 했다. 그 결과 원인이 밝혀졌는데 그 이유가 이웃 포장마차가 교회의 전기선에서 전기를 끌어다 쓰고 있기 때문이라는 것이었다. 하도 어이가 없어서 포장마차 주인을 찾아가 당장에 따졌다. 그랬더니 그 포장마차 주인이 하는 말이 더 어이가 없었다.

"저 그 교회 교인한테 전기세 내면서 쓰고 있는데요?"

세상에, 교인 중의 한 사람이 교회 전기를 그쪽에다 끌어주고 전기세를 자기가 받아서 쓰고 있었던 것이다. 도저히 이해하기 어려운 일이었다. 그래서 나는 당장 그를 불러다가 호통을 치고 전기선을 잘라 버렸다. 그랬더니 그는 적반하장으로 가난해서 그랬는데 교회가 너무 매정하게 그럴 수 있느냐며 오히려 나에게 항의하며 욕을 하고 다녔다. 참으로 황당한 일이 아닐 수 없었다.

또 이런 교인도 있었다. 교회의 재정을 자기의 사업자금으로 빌려 달라는 것이었다. 교회에 돈이 없으면 몰라도, 있는데 좀 빌려 쓰자고 우겨댔다. 나는 단호히 거절할 수밖에 없었다. 그랬더니 그는 돈이 있으면서도 교회가 치사하게 빌려주지 않는다고 행패를 부리기 시작했다. 하나님의 것은 인간이 마음대로 빌려 쓰는 것이 아니라고 아무리 설명해줘도 막무가내였다. 그의 생떼가 얼마나 심했던지 아예 목회활동까지 방해하며 졸라댔다. 그때 고생했던 것을 생각하면 지금도 식은땀이 다 흐른다.

한번은 이런 일도 있었다. 한 은혜 받은 교인이 다른 교인을 찾아가서는 다짜고짜 이렇게 말했다.

"어젯밤에 계시를 받았는데 글쎄 당신 집에 돈이 좀 있다며? 나 좀 꿔줘."

"아니, 어떻게 알았어? 참 용하네. 알았어. 꿔줄게."

이렇게 거래가 이뤄진 것까지는 좋았는데 문제는 돈을 갚을 때 생겼다. 돈을 빌려준 교인이 급하게 쓸 데가 생겨 돈을 빌린 교인에게 갚을 것을 요구하자 그녀가 한다는 말이 가관이었다.

"기도해보니깐 하나님이 갚지 말랬어."

이런 일을 겪고 나면 저들이 하나님을 보고 교회에 나오는 건지, 아니면 돈을 보고 교회에 나오는 건지 헷갈릴 때가 있다. 그래도 어쩌겠는가? 저들이 내게 맡겨진 양인걸 말이다.

둘 : 칠만 천 원짜리 치료

박씨라는 분이 계셨다. 그는 오랫동안 심장병을 앓아온 사람이었다. 여러 가지 좋다는 약을 다 써보고 이곳저곳 쫓아 다녀보았지만 허사였다. 조금만 움직여도 헉헉대는 숨을 이겨내지 못해 일도 제대로 할 수가 없었다. 한 집안의 가장이었던 그로서는 참으로 답답한 노릇이었다.

그러던 어느 날 처제로부터 좋은 소식을 들었다. 자신이 다니는 교회(예수마을교회)가 참으로 뜨거워서 많은 사람들이 병 고침을 받는다는 것이다. 그는 지푸라기라도 잡는 심정으로 교회에 처음 나왔다. 나는 목회자로서 기뻤다. 한 영혼이 자발적으로 찾아와 예수를 믿겠다고 하니 이 어찌 기쁜 일이 아니겠는가? 그는 자신이 오랫동안 심장병을 앓아왔다고 말했다. 나는 하나님께 치료받을 수 있지만, 그보다 먼저 하나님을 믿고 구원받는 것이 중요하다고 가르쳤다. 그는 내 말을 진지하게 듣고는 그날 당장 등록했다. 자신뿐만 아니라 가족들도 모두 등록하게 했다. 나는 그 가정을 위해 기도했고, 그들 역시 신앙생활에 열심을 다했다. 그 가정 식구들 모두가 새벽기도뿐만 아니라 모든 예배에 다 나와서 맨 앞자리에 앉아 말씀을 들었다.

그 모습을 보고 성도들 모두가 진심으로 기뻐하며, 그들을 위해 기도했다. 나 또한 새벽마다 그 가정을 위해 기도했다. 그렇게 하기를 보름 정도 지났을까? 기적같이 박씨가 나음을 입었다. 그 일로 그와 그의 가족, 그리고 온 성도가 함께 기뻐하며 하나님께 감사의 기도를 드렸다. 그리고 한 달쯤 지난 후 그의 이름으로 헌금이 들어왔는데 그 액수가 칠만 천 원이었다.

그런데 문제는 그가 그 헌금을 바친 이후로 아예 교회를 나오지 않는 것이었다. 도대체 무슨 일인지 궁금하기도 하고 걱정이 되기도 해서 그를 찾아갔다. 물어물어 찾아간 집에 마침 그가 있었다. 나는 반가운 마음에 환하게 미소를 지으며 그의 집에 들어섰는데, 그의 반응이 영 신통치가 않았다. 마치 왜 왔느냐는 식으로 나를 맞이했다.

"박 성도님, 그간 잘 지내셨는지요?"

"예, 덕분에 잘 지냈습니다."

"다행이군요. 걱정 많이 했습니다. 그런데 요즈음 왜 교회에 나오지 않으세요?"

"예? 그게 무슨 말씀이세요?"

"아니, 교회를 나오시지 않기에 무슨 이유가 있나 해서요."

그제야 그는 알았다는 듯 고개를 끄덕이며 나에게 이렇게 말했다.

"목사님! 병원에는 왜 가지요?"

"그야 병 나으려고 가지요."

"그렇죠? 그러면 병 나았는데도 병원에 계속 가나요?"

"아니요."

"바로 그겁니다. 그러니까 저도 교회에 갈 이유가 없지요. 치료비도 이미 드렸잖아요?"

어머나 세상에! 그가 교회에 바친 칠만 천 원은 하나님께 드린

헌금이 아니라 자신의 병을 낫게 해준 데 대한 치료비였던 것이다. 그에게 교회는 자신의 병을 치료해 주는 병원, 그 이상도 이하도 아니었다.

교회는 그런 곳이 아니라는 나의 설명에도 그는 꿈쩍하지 않았다. 오히려 자신은 치료비까지 내며 정당하게 치료받았는데 목사가 와서 괜히 귀찮게 한다는 투였다. 그 집을 나서면서 나는 두려운 생각이 들었다. 아무리 병 고침을 받았다 할지라도 그것 역시 구원받지 못하면 죽어 없어질 육체뿐인데……그의 영혼을 생각하니 안타까워서 도저히 발걸음이 떨어지지 않았다.

그 뒤로 그를 볼 수 없었다. 들리는 이야기로는 그의 아들이 아주 불행하게 되어 그가 고통을 겪는다고 하였다. 그 소문을 듣고서 나는 기도했다. 그가 어디에 있든지 이제는 꼭 참된 하나님을 알게 해달라고 말이다.

셋 : 목사님은 점 볼 줄 모르잖아요!

시장 교인들의 못된 버릇 중 하나는 쉽사리 미신을 벗어버리지 못하는 것이었다. 그들은 교회에 열심히 다니면서도 부적을 지니고 있었고, 여느 장사치들이 하는 미신적 행동을 그대로 따라하고 있었다. 나는 그러한 교인들의 잘못된 행동을 바로잡기 위해 아주 강력하게 메시지를 전하였다. 하나님이 가장 싫어하는 우상숭배 행위를 버젓이 행하고 있는 교인들을 용납할 수 없었기 때문이다. 그럼에도 불구하고 오랫동안 길들여져 왔던 그들의 행동은 좀처럼 바뀌지 않았다.

그러던 중 몇몇 교인이 점 보러 다닌다는 소문이 내 귀에 들려왔다. 그것도 교회의 직분자들이 새 신자들을 데리고 점집에 들락거린다는 것이었다. 교회에 처음 나온 사람들은 멋도 모르고 그곳에 따라가서는 해도 되는 일인 줄 알고 점을 보곤 했다.

나는 이번만은 무슨 일이 있어도 그들의 잘못된 행동을 바로 잡겠노라고 결심했다. 그런 교인들을 가만히 둔다면 그들의 목자로서 직무유기라고 생각했기 때문이다. 하루빨리 그들의 잘못을 바로 잡아야겠다는 생각에 황급히 그들을 불렀다. 처음에는 완강히 부인했지만 나의 추궁이 거세지자 그녀는 결국 점 보러 갔던 것을 시인했다. 나는 너무도 화가 났다.

"아니 도대체 믿는 사람이 점이 뭐예요? 그건 우상숭배입니다. 하나님 보시기에 두렵지도 않으세요?"

"두렵기는 하지요."

"그러면서 왜 점을 보러 다니는 겁니까? 도저히 이해할 수가 없군요."

"왜냐고요? 목사님은 점 볼 줄 모르잖아요?"

그 말을 듣고 어이가 없어서 한참 동안 말문을 잇지 못했다.

한번은 이런 일도 있었다. 한 권사님이 자신은 점을 보지 않았는데 목사님이 자기만 혼낸다고 하소연을 하고 다니는 것이었다. 나는 내가 잘못 알고 그랬는 줄 알고 미안한 마음이 들었다. 그런데 교인들은 분명히 그녀가 점을 보러 갔다고 말하는 것이었다.

그럼에도 불구하고 자신은 점을 안 봤다고 우기는 권사님의 말을 마냥 무시할 수도 없었다.

그러던 중 그녀가 어느 날 나를 찾아왔다. 그러고는 자신은 절대로 점을 보지 않았는데 내가 너무 심하게 나무랐다고 따졌다. 하지만 그녀가 점집에 드나드는 것을 보았다는 교인의 말을 들었기 때문에 나는 냉정하게 물었다.

"전 분명히 점 보러 가셨다고 들었는데요?"

"점집에 가긴 했지만 절대로 점을 보진 않았어요. 어떻게 예수 믿는 사람이 점을 볼 수가 있겠어요?"

"그럼 점집에는 왜 가신 거예요?"

"그야 제 아들이 하도 되는 일이 없어서 아들 점 보러 간 거지 제 점은 보지 않았어요!"

이것이 내가 목회하고 있는 성도들의 모습이었다. 그러니 때론 힘이 빠지지 않았겠는가?

넷 : 도시 촌뜨기

이처럼 척박한 목회 환경이었지만 그 가운데 감동적인 이야기도 셀 수 없이 많았다. 그 중 조진주 권사님은 내가 잊지 못하는 분이다. 우리 식구가 먹을 것이 없어서 아무에게도 말을 못하고 굶고 있을 때 조용히 찾아와 건네주었던 쌀과 생선은 목회 30년이 지난 지금도 가슴 찡한 감동으로 내 마음 한 편에 자리 잡고 있다.

그녀는 시장에서 새벽부터 밤 늦게까지 닭똥집을 파는 고된 일을 하고 있음에도 불구하고 전혀 내색 없이 교회를 섬기는 분이셨다. 그런데 그녀를 생각할 때마다 잊지 못하는 또 하나의 사건이 있다. 나는 그때 이분을 통해 우리 교인들이 처한 삶의 자리를 가슴 깊이 느낄 수 있었다.

그 사건의 내막은 이렇다. 우리 교회가 개척한 지 얼마 되지 않아 매우 유명한 부흥강사님을 초청하여 부흥회를 열었다. 전국적으로 유명한 부흥강사님께서 이름도 없는 작고 초라한 교회에 오셨으니 다른 것은 몰라도 식사만큼은 잘 대접하고 싶었다. 그래서 낮 집회를 마친 후 부흥강사님을 모시고 롯데 호텔 뷔페에 식사를 대접하러 갔다.

그런데 롯데 호텔 현관에 도착해서 문제가 생겼다. 같이 갔던 일행 중 조진주 권사님이 호텔 회전문을 보고 놀란 것이다.

"어머, 어머, 이게 뭐예요?"

"별거 아니에요. 그냥 돌아가는 문이에요."

"저걸 지나면 어디로 가는 거예요?"

"그야 건물 안으로 들어가지요. 걱정하지 마세요."

"전 어지러워서 당최 못 들어가겠네요."

돌아가는 회전문을 보고 그녀는 멀미에 가까운 심한 현기증을 느꼈다. 거기다가 엘리베이터에 에스컬레이터까지 온통 그녀를 어지럽게 하는 것뿐이었다. 도대체 속이 미식거리고 어지러워서 교인들이 부축해줘야만 했다. 결국 식당에 들어가서도 그녀는 거의 먹질 못했다. 속이 울렁거려서 음식이 넘어가질 않는다는 거였다.

그 모습을 보고 나는 할 말을 잃었다. 대한민국에서 가장 크고 발달한 수도 서울의 한가운데에 사는 사람이 전혀 문명과 상관없이 살고 있었던 것이다. 그녀에게는 오직 집, 상터, 교회밖에는 없었던 것이다. 그것이 나와 함께 목회하는 성도들의 삶의 자리였다. 나는 그날, 그곳에서, 그 사실을 뼈저리게 느낄 수 있었다.

3. 열정을 불태우다

선배 목회자들의 말씀을 들어보면 강단에서 가장 힘든 것이 교인들의 다양한 상황에 맞게 말씀을 전하는 것이라고 한다. 이렇게 말하면 이 교인이 시험 들고, 저렇게 말하면 저 교인이 시험이 든다는 것이다. 그러나 나는 적어도 목회하면서 그런 문제로 고민해본 적은 없는 것 같다. 말씀에 비추어서 아닌 것은 아니었다. 그가 아무리 교회의 중책을 맡고 있다 할지라도 말씀에 비추어 어긋난 행동을 하면 단호하게 대처했다. 때문에 말씀을 선포할 때 그런 문제를 직설적이면서도 아주 강하게 다루었다. 그것 때문에 시험에 든다고 할지라도 주저하지 않았다. 예수님도 가장 사랑하는 제자 베드로가 진리에서 벗어났을 때 그에게 "사탄아 물러가라!" 라고 말하지 않았던가?

내가 그렇게 한 이유는 중앙시장의 교인들이 대부분 초신자인데다 이미 앞에서도 설명한 바와 같이 무엇을 하고, 무엇을 하지 말아야 하는지 신앙적인 기준을 전혀 몰랐기 때문이다. 그런 데다 시장에서 일하던 기질 때문인지 고집도 세고, 자신의 마음에 들지 않으면 자기 멋대로 행동했다. 상상을 초월하는 그들의 거친 언행에 가슴을 쓸어내린 적이 한두 번이 아니었다.

그렇기 때문에 더더욱 그들을 길들일 수 있는 것은 하나님의 말씀 밖에 없다고 생각했다. 지금 생각해보면 목숨 걸고 말씀을 전했던 것 같다. 감사한 것은 그렇게 초지일관 말씀으로 밀고 나가자 성도들이 오히려 혼란스러워하지 않고 순종하며 잘 따라왔던 것이다. 그것이 우리 교회 초창기 부흥의 원동력이 되었다. '타협 없는 신앙', 이것이 하나님 앞에 바로 서기 위해 반드시 필요한 덕목이었던 것이다.

이렇게 교회가 터를 잡아 가자 나의 열정이 불타오르기 시작했다. 전도에 불이 붙은 것이다. 나는 예수마을교회를 개척하면서 수평이동은 아예 염두에 두지도 않았다. 누가 뭐라 해도 교회의 사명은 '복음 전파'에 있다고 생각했기 때문이다. 하긴 누가 수평이동해서 우리 교회에 올 만한 환경도 아니었다. 사실 환경으로만 따지자면 딱 떠나기 좋은 곳이 바로 예수마을교회였다. 그렇기 때문에 교인들의 대부분이 예수마을교회에서 처음 예수를 믿은 사람들이었다.

그렇게 열심히 전도하는 것과 동시에 다른 곳에서 볼 수 없는 뜨거운 철야예배가 초창기 우리 교회의 매력 중의 매력이었다. 대부분 교인들이 시장 상인이다 보니 늦게까지 장사하고 나면 예배에 참석하기가 쉽지 않았다. 그런데 철야예배는 그들이 장사를 다 끝마치고 와도 드릴 수 있는 예배였기 때문에 참석률이 좋았다. 그것을 보고 나는 철야예배에 내 모든 목회의 열정을 쏟아 부었다.

이렇게 진행된 철야예배는 그것 자체로 대단한 반향을 일으켰다. 한 마디로 능력과 이적의 시간이었다. 우리 교회의 철야예배 소문을 듣고 수많은 병자들이 고침받기 위해 교회로 몰려들었다. 그들 중에는 교회에 다니던 사람도 있었지만, 그렇지 않은 사람이 더 많았다. 그들은 멋모르고 무당집에 가듯이 병 고칠 목적으로 예배에 참석했다가 하나님의 은혜를 받고 교인이 되기도 했다.

4. 시련과 마주하다

개척한 지 몇 달 만에 교인이 70여 명으로 늘어났다. 이때부터 교회 내에 서서히 문제가 나타났다. 개척 멤버들의 텃세가 시작된 것이다. 그들은 사사건건 새로 온 교인들에게 시비를 걸었고, 그들이 교회 일을 하는 것을 매우 싫어했다. 심지어 일을 맡긴 나에게까지 노골적으로 불만을 표시하였다. 그들은 오직 자신들만이 교회의 주인이었다. 자연히 양측의 갈등은 심화되어 갔다.

나는 금식하며 이 문제를 어떻게 해결해야 할지 고민에 고민을 거듭했다. 사실 문제는 간단했다. 개척 멤버들의 텃세만 없으면 되는 것이었다. 그들은 자기들 중심이 아닌 교회에서는 있어본 적이 없는 사람들이었다. 그래서 더 넓은 세계도 거부하고 오직 자기들 중심으로 폐쇄화되어 가고 있었던 것이다.

고심 끝에 나는 단안을 내렸다. 새로 온 교인들에게 더 많은 일을 맡기자는 것이 나의 결론이었다. 그것이 교회의 발전을 위해 가장 바람직한 방법이라 생각했다. 그러자 개척 멤버들은 거세게 항의하며 나에게 교회를 나가라고 협박했다. 나는 하나님의 종으로서 결단코 그렇게 할 수 없다고 반박했다. 그러자 그들은 예배 시간에 단체로 머리를 삭발하고 나타나 나에게 위협을 주었다. 한편으로 두렵기도 했지만 절대로 그들의 요구를 들어줄 수는 없었다.

그런 와중에도 교회는 날로 성장해나갔다. 개척한 지 1년이 채 되지 않아 성도수가 200여 명으로 불어난 것이다. 그러자 양측의 갈등은 더 심해졌다. 그 갈등의 와중에 예배 장소가 너무 비좁아 더 이상 개척 장소에서 예배드릴 수 없는 지경에 이르렀다. 하는 수 없이 예배당을 옮겨야 하는 상황이 돼서 시장 안의 다른 넓은 장소를 세내어 이사 가기로 결정했다. 이때도 개척 멤버들의 방해는 계속됐다. 그러고는 마침내 예배당을 이전할 때 자신들은 따라가지 않겠다고 엄포를 놓았다. 여러 가지 방법으로 그들을 설득하고 말씀으로 권면했지만 막무가내였다. 결국 교회는 이전하게 되었고, 그들은 끝내 따라오지 않았다.

그들은 자기들끼리 교회를 다시 개척하였다. 하지만 더 이상의 발전 없이 자기들끼리만 분열에 분열을 거듭하다가 결국 교회가 사라져버리고 말았다. 지난 목회를 생각할 때에 아직까지도 가슴 아프게 남아 있는 기억 중 하나이다.

5. 끊임없는 성장과 훈련

중간 중간 어려움과 시련은 있었지만 전반적으로 교회는 꾸준히 성장하였다. 가끔은 나의 강한 목회 스타일 때문에 반발하고 나가는 교인들이 있었지만, 몇 달이 채 되지 않아 거의 대부분이 돌아오곤 하였다. 그 모습을 보면서 나는 예수마을교회에서 훈련 받은 성도들이 다른 교회에 가서 잘 적응하지 못한다는 사실을 발견하게 되었다. 우리 교회에서 혹독하게 훈련 받은 사람들이 다른 교회에 가서 한가하게 교회생활을 하니 여간 좀이 쑤시는 게 아니었던 모양이다. 그들은 나의 강한 목회 스타일에 순간적으로 반발했지만, 내가 개인적인 감정으로 그런 것이 아니라는 것을 너무도 잘 알고 있었기 때문에 다시 돌아올 수 있었던 것이다.

그러고 보면 나는 교인들을 잘 볶는 목회자이다. 도대체 교인들을 가만히 놔두지 않는다. 기본적으로 모든 예배에 참석하도록 강력하게 가르치는 것은 물론 평일에도 끊임없이 프로그램을 만들어 교인들을 훈련시켰다. 일대일 제자훈련, 전도폭발, 중간지도자 훈련 등 다 기억하기도 힘들 만큼 많은 프로그램을 도입해 교인들을 가르쳤다. 이런 훈련이 때로는 교인들을 파김치로 만들 때도 있었으나 한편으로는 교회성장을 이루는 데 원동력이 되기도 했다.

이런 나의 목회 스타일 때문에 항상 고생하는 것은 부교역자들이었다. 새벽부터 밤늦게까지 일하는 교인들도 그렇게 들들 볶는데 부교역자들이야 오죽 했겠는가? 거기다가 내가 체질적으로 잠이 적은 스타일이었기 때문에 나를 보좌하는 부교역자들의 고충은 이만저만이 아니었을 것이다. 그러나 부교역자들의 그런 열심 덕분에 교회는 계속해서 성장할 수 있었다. 특히 교인 수에 비해 많은 심방전도사를 모집해 교인 관리와 더불어 전도하는 데 집중하게 했더니 그 효과를 톡톡히 보았다.

건강에 관심이 많은 사람이 몸에 좋다면 이것저것 다 구해서 먹어보는 것처럼, 나는 우리 교인들을 성장시킬 수 있다고 판단되는 모든 프로그램은 다 시행했다. 사람들이 혀를 내두를 만큼 나의 열정은 집요했고, 그만큼 나에게 교회성장은 중요한 이슈였다.

6. 목회자가 포기해야 교회가 성장한다

나는 가끔씩 교인들을 보며 놀랄 때가 있다. 새벽부터 밤늦게까지 손이 부르트도록 장사하면서도 새벽예배를 포함해 그 어떤 예배에도 빠지지 않고, 여러 가지 교회 일에 헌신하는 그들을 볼 때이다. 아무리 따져 보아도 그들은 거의 잠을 자지 않는 것 같다. 그렇게 교회 일에 매달리면서 잠까지 남만큼 잔다면 딱 굶어 죽기 십상이다. 겨울만 되면 이런 생각을 하게 되는 날이 더 많아진다. 영하의 추위에 얼굴과 손이 얼어 터져도 감사하면서 신앙생활을 하는 그들의 모습이 나를 더욱 헌신적인 사역자로 만들었던 것 같다. 그들을 볼 때마다 이들에게 말씀을 전하는 목회자로서 부끄럽지 않은 모습이 되자고 다짐하고 또 다짐했다. 목사가 평신도만도 못하면 되겠는가?

그래서 목회 초기에 나는 집에서 자는 일이 거의 없었다. 항상 강단 위에서 기도하다가 그대로 담요를 뒤집어쓰고 잠들곤 했다. 설교 준비도 강단 위에서 했고, 성경책도 강단 위에서 읽었다. 심방을 가거나 특별한 외출이 있을 때를 제외하고는 거의 강단 위에서 살았던 것 같다. 그것이 내 목회의 밑바탕이 되었다.

워낙 가난한 사람들이 모인 교회라 내 한 달 생활비가 5만 원밖에 되지 않았는데 그것도 대부분 가난한 교인이나 이웃에게 나눠주다 보면 정작 내 수중에는 얼마 남아 있지 않은 경우가 다반사였다. 그러다 보니 우리 집의 생활은 말이 아니었다. 당시 안혜신 사모의 격려와 기도가 아니었다면 그렇게 할 수 없었을 것이다. 안 사모도 가난한 이웃과 나누는 나의 삶을 전적으로 지지해주었다. 신기한 것은 하나님께서 까마귀를 통해 엘리야를 먹이신 것처럼 우리를 먹이셨다는 것이다. 나는 한 번도 사례비를 우리 집을 위해 제대로 써본 적이 없었지만, 늘 먹을 것과 입을 것이 해결되었다. 아무리 어려워도 생활비 외에는 교회 재정에서 단 한 푼도 가져다 쓰지 않았는데도 말이다.

그런 모습이 지속되자 교인들은 차차 하나님의 것을 어떻게 분별해야 하는지 알게 되었다. 교회 재정이 단순한 예산이 아니라 하나님의 것이라는 생각이 그들 뇌리에 깊숙이 박힌 것이다. 교인들을 교육하고 치리하는 데 있어서 목회자가 무엇보다도 물질 문제에 있어서 모범이 되어야 한다. 아주 당연한 말 같지만 개척 초기 그것을 지키는 것이 생각처럼 쉽지만은 않았다. 하지만 나는 당신의 기름 부은 종을 하나님께서 절대로 내버려두시지 않는다는 믿음이 있었다. 그리고 주님은 그 믿음에 확실하게 응답해 주셨다.

나는 지금도 남을 구제할 때는 나의 분깃에서 쓴다. 내가 돕는 사람들에 관해서는 그것이 분명 선교의 목적이 있다고 하더라도 내 것을 나눈다. 왜냐하면 그렇게 해야만 교인들도 자신의 것을 나눌 줄 알게 되기 때문이다. 목사가 구제나 선교를 전적으로 교회 재정에만 의지하게 되면 교인들도 마찬가지로 자기 개인이 감당해야 할 구제와 선교의 사명을 곧잘 잊어버리게 된다. 그저 교회재정을 통해서만 구제하기를 원하게 되는 것이다.

확실히 교인들은 목회자를 닮는다. 목회자가 포기하면 교인들도 포기하게 된다. 교인들의 입장에서는 목사가 자기 것을 포기한다는 느낌이 들 때, 그 목회자를 신뢰하고 따를 수 있는 것이다.

목회자의 자기 포기에 관해 이야기하다 보니 다소 금전적인 면에 치우친 느낌이 있다. 그러나 단연코 목회자의 포기는 금전적인 면에만 국한되지는 않는다. 삶의 전 영역에서 늘 먼저 헌신하고 모범을 보여야 한다는 생각이 강했다. 그런 면에서 보자면 나는 자녀들에게 미안한 마음이 항상 마음 한 쪽에 자리 잡고 있다. 솔직히 나는 자녀들에게 그리 다정다감한 아버지가 되어 주지 못했다. 교인들과 함께 하다 보면 나의 자녀들에게 쏟는 관심보다 그들에게 더 지극정성일 때가 많았다. 그것은 나의 아내도 마찬가지였다. 그런 모습을 보고 가끔 가다가 큰아들이 엄마에게 농담 삼아 이렇게 말하곤 했다.

"울 엄마 맞긴 맞아요?"

아무리 생각해도 엄마가 자신들에게 해주는 서비스가 다른 엄마들에 비해 떨어진다고 생각했기 때문인 것 같다. 하지만 그것이 아빠와 엄마가 자신들을 덜 사랑해서가 아니라 그만큼 교회와 교인들을 위해 헌신하고 있으며, 자신도 그것을 이해한다는 의미로 건넨 말임을 알고 있다. 그 말에 금방이라도 넘어갈 것처럼 깔깔대는 아내의 웃음 저편에 아들에 대한 대견함과 그 아들을 지켜주신 하나님에 대한 감사의 마음이 배어나왔다.

목회자가 포기한다는 것은 어떤 의미에서는 옳지 않은 말이다. 목회자는 이미 하나님께 부름 받은 그 자체로 여타 모든 세상의 가치관에서 한발 물러난 존재이기 때문이다. 그래서 남들이 보기에는 포기이지만 하나님이 보시기에는 당연한 것이다. 하나님의 종은 오직 하나님의 일, 즉 맡겨진 양들을 돌보고 인도하는 일에 자신의 일생을 바치는 것이기 때문이다.

7. 성공한 목회자?

언젠가부터 나는 소위 성공한 목회자 대접을 받게 되었다. 비교적 젊은 나이에 멈추지 않고 성장해가는 교회, 재정적으로 남부럽지 않은 교회의 담임 목회자인 데다 아주 잘 나가는 부흥사 중 한 명이 돼 있었기 때문이다. 사람들은 이런 외적인 것에 관심이 많았다. 나도 인간인지라 주위 사람들의 반응에 한동안 우쭐하는 마음이 생긴 것도 사실이다. 솔직히 성공한 목회자라는 말을 듣는 것이 그리 나쁘지만은 않았다. 나는 그것이 응당 하나님의 일에 충성을 다한데 대한 상급이라고 생각했다.

하지만 시간이 흐를수록 성공한 목회자라는 사람들의 평가에도 불구하고 그것이 그리 달갑게 여겨지지 않았다. 오히려 목회 자체에 대한 심각한 고민에 빠졌다. 목회가 15년을 넘어서면서 하나님 앞에 헌신된 교인들을 길러내기 위해 부단히 노력해온 지난 시간들을 되돌아 볼 때, 과연 그것이 진정한 성공이었는가에 대한 물음이 생기기 시작한 것이다. 양적인 교회 성장은 어느 정도 이룬 교회라고 자위하면서도 나의 불편한 마음과 의구심은 가시지 않았다. 남들이 아무리 나를 칭찬해도 내 자신이 하나님 앞에 점점 더 부끄러워지는 것 같은 이상한 마음이 들기 시작한 것이다. 그때부터 내 스스로에게 진지하게 묻기 시작했다.

"무엇이 과연 진정한 목회의 성공인가?"

목회에 대해 더욱 깊이 고민하게 된 계기는 나의 아내가 죽음의 문턱까지 가서 보고 온 환상 때문이었다. 자세한 이야기는 《예수마을 이야기》에 담겨 있기 때문에 여기서는 생략하겠지만 그곳에서 아내는 지옥에서 고통 받고 있는 우리 교회 권사님을 보고 온 것이다. 생사의 갈림길에서 극적으로 깨어난 아내가 나를 처음 본 순간 한 말이 내 뇌리를 떠나지 않았다.

"여보, 목회 정말 바로 해야겠어요. 지옥에서 우리 교회 권사님을 만났어요."

그분은 얼마 전 작고하신 우리 교회 출신 권사님이셨다. 그토록 믿었던 권사님이 지옥에서 고통 받고 있다면 나는 과연 목자로서 바른 복음을 전했고, 나의 양들을 올바른 길로 인도한 것인가 하는 물음이 끊이지 않았다.

이 일을 계기로 전혀 다른 관점에서 예수마을교회를 바라보기 시작했다. 그러자 이전에는 보이지 않았던 문제점들이 뚜렷하게 보이기 시작했다. 예배, 기도, 헌신과 봉사 등 겉으로 보이는 것에는 전혀 문제가 없었다. 그런데 정작 문제는 내면에 있었다. '삶의 변화, 즉 예수님의 형상을 닮아 성숙해가는 그리스도인의 모습은 없었던 것이다. 기도하고 예배할 때는 누구보다 예수님을 사랑하는 것처럼 보이다가도 일상적인 삶의 자리로 돌아가서는 세상 사람과 전혀 다를 바 없는 모습으로 살아가는 것이었다.

또한 교인들간의 사랑도 부족했다. 주님의 교회는 예수님을 머리로 하여 성도들이 각 지체로서 한 몸을 이루는 사랑의 공동체가 되어야 하는데 전혀 그런 모습이 보이지 않았던 것이다. 서로 모이긴 모이되 그저 형식적인 모임만 갖고 헌금이나 회비를 걷는 것이 고작이었다.

그들의 모습을 보면서 내심 얼마나 놀랐는지 모른다. '어떻게 해서 이런 결과가 나온 것일까? 나는 왜 지금까지 이것을 심각하게 생각하지 못했지? 혹시 내 스스로 애써 외면한 것은 아니었나?' 이런 생각들이 꼬리에 꼬리를 물었다.

그러나 한편으로는 이 모든 것이 내 책임이라는 생각이 들었다. 사실 그들이 뭘 알겠는가? 교인들이야 내가 가자는 대로 지금까지 달려온 것이 아니겠는가? 그렇다면 나의 목회의 그림을 어디서부터 다시 그려야 하는가에 대한 고민 때문에 도통 잠을 이룰 수가 없었다.

8. 교인들의 현실

하나 : 고슴도치 교인

A씨 : 예배란 예배는 다 참석한다. 어디서 저런 정성이 나올까 하는 생각이 들 정도다. 물론 십일조와 감사헌금도 잘 한다. 누가 보기에도 칭찬받아 마땅한 교인이다.

B씨 : 이분의 기도는 교회 내에서도 소문이 나 있다. 어찌나 기도를 열심히 하는지 그가 기도할 때면 진동이 하도 심해서 근처에 갈 수가 없다. 특히 방언으로 하는 기도는 어떤 심오한 힘마저 느끼게 한다.

C씨 : 교회 일에 참으로 열심인 분이다. 자신의 일은 만사 제쳐놓고라도 교회 일이면 무조건 봉사한다.

이들은 모두 하나님과의 수직적인 관계에서는 참으로 열심인 교인들이다. 그러나 주위의 지체들과 수평적인 관계는 엉망이다. 다른 사람들이 그들을 평가할 때 도대체 저런 사람이 어떻게 교회에 다니고, 직분을 받았는지 이해할 수 없다고 말하기도 한다. 그럼에도 불구하고 그들은 아랑곳하지 않는다. 그들의 관심은 오직 자기 자신밖에 없기 때문이다.

수직적인 관계를 중시하는 그들의 경향은 목회자인 나에게까지 영향을 미쳤다. 그저 목회자와만 좋은 관계를 유지하려고 하고, 목회자가 자신에게만 관심을 가져주길 원했던 것이다. 만일 내가 다른 교인에게 조금이라도 더 관심을 보일라치면 그들은 이내 시험에 들곤 했다.

나는 그들의 모습을 보면서 마치 '고슴도치 교인' 같다는 생각이 들었다. 고슴도치도 제 새끼는 끔찍이 사랑하고 아낀다. 그러나 고슴도치 주변에는 다른 동물들이 없다. 가까이 가면 가시에 찔리기 때문이다.

하지만 목사의 입장에서는 처음에 그런 교인들의 문제점을 쉽사리 발견하지 못했다. 어쨌든 목사 앞에서 그들은 언제나 최고의 신앙인이었기 때문이다.

둘 : 백조 교인

백조와 같은 교인들은 겉에서 보면 성인군자다. 그만한 사람이 없다. 신앙의 열정도 있고 말도 청산유수다. 기도생활도 별반 나무랄 데가 없다. 그래서 나는 그런 교인들에게 주저없이 직분을 주었다.

그런데 결정적으로 '하나님의 일' 과 '자신의 일' 이 부딪치면 가차없이 자신의 일을 선택했다. 하나님 안에서 변화되었다고 믿었던 나에게는 큰 충격이 아닐 수 없었다. 이런 부류의 교인들은 자신의 이익에 위배되지 않는 한에서는 헌신을 다했다. 그러다 조금이라도 자신의 이익에 거슬리는 일이 생기면 여지없이 본색을 드러냈다.

백조가 물 위를 유영하는 모습을 본 사람은 그 아름다움에 감탄할 것이다. 우아하게 물 위에 앉아 물결을 따라 떠다니는 모습이 너무나도 평화로워 보이기 때문이다. 그런데 물 아래에서 보면 영 딴판이다. 쉴 새 없이 물갈퀴질을 하며 바동거리고 있다. 언젠가 텔레비전에서 백조가 갈퀴질하는 것을 자세히 본 적이 있는데 그 모습이 여간 우습지 않았다. 애를 쓰며 바동거리는 꼴이 애처롭기까지 했다.

겉으로는 누구보다 거룩해 보이지만 실상은 늘 자기 계산만 하고 있는 교인들의 모습이 꼭 이런 백조의 모습 같았다. 겉모습의 온화함 뒤에 끊임없이 계산하고 있는 잔머리가 돌아가고 있는 것이다. 표면적으로는 하나님 중심의 사람이지만 수면 아래에서는 철저히 자기중심적인 사람, 나는 그들을 백조 교인이라 칭했다. 자세히 둘러보니 예수마을교회 안에도 꽤 많은 백조 교인들이 있었다.

셋 : 엄마 게와 아기 게

엄마 게가 아기 게에게 걸음마를 가르치고 있었다. 그런데 이게 웬일인가? 아기 게가 옆으로 걷는 것이 아닌가? 엄마 게는 기겁을 하며 아기 게를 야단쳤다.

"아가야! 그렇게 걸으면 어떡하니? 바르게 걸어야지. 자, 엄마가 하는 대로 따라 해봐!"

엄마 게가 열심히 옆으로 걷는 시범을 보였다.

"자, 봤지? 그럼 그대로 해봐."

아기 게는 엄마가 한 대로 열심히 걸었다. 그 모습을 본 엄마 게는 화가 머리 끝까지 올라 소리쳤다.

"야! 이 자식아, 엄마가 하는 대로 똑바로 걸으라는데 왜 말을 안 들어?"

이 엄마 게처럼 죽어도 자신은 틀리지 않았다고 우기는 교인들도 많았다. 아무리 심방을 하고 말씀으로 권면해도 막무가내였다. 자신의 신앙 양심에는 조금도 거리낌이 없다는 것이다. 하지만 내가 보기에는 그것은 신앙이 아니라 오기였다.

나는 엄마 게 같은 교인들을 보면서 그게 바로 내 모습은 아닌가 하고 돌아보게 되었다. 지난 17년간 사심 없이 하나님의 일에 매달렸다고 자부하지만 결국 그들이 따라온 것은 나의 발자취가 아닌가? 그것이 대부분의 한국 교회가 가지고 있는 문제라고 얼버무리고 싶었지만 한편으로 마음이 무거워지는 것은 어쩔 수 없었다.

넷 : 나는 천국, 자식은 명문대

아무리 봐도 교회 안에서 예수마을교회 교인들의 열심은 타의 추종을 불허했다. 그런데 삶의 영역은 달랐다. 목회를 되돌아보면서 조사해보니 직분자의 자녀들이 교회에 나오지 않는 경우가 허다했다. 그중에는 부모가 권면해도 말을 듣지 않는 경우도 있었지만 그렇지 않은 경우도 많았다. 하도 어이가 없어서 전도사를 야단쳤더니 이런 답이 돌아왔다.

"엄마가 보내서 학원에 갔습니다."

"부모님이 아무개 권사님인데 시험 기간이라 독서실에 보냈다고 합니다."

교인들이, 그것도 직분이 있는 사람들이 주일날 자기 자녀를 교회에 데려오지 않고 솔선해서 학원에 보냈다고 하는 것은 참으로 부끄럽기 짝이 없는 일이었다. 그들을 불러서 왜 자녀들을 교회에 보내지 않았느냐고 물어보면 대답은 한결같았다.

"중 · 고등부 아이들이 질이 나빠서 물들까 봐요."

"이번에 대학에 꼭 가야 해요. 그 애가 저희 집의 기둥이에요."

자신들은 모든 예배에 다 참석하고 자식들 잘되라고 새벽마다 하나님께 엎드려 빌면서도 막상 자녀들은 이 핑계 저 핑계를 대며 세상으로 내몰고 있는 것이었다.

그 이유를 생각해보니 저들의 가치관이 여전히 변하지 않았다는 것을 깨달았다. 아직도 세상적인 부귀영화와 출세가 그들의 가치관을 사로잡고 있는 것이었다. 자신들이 못 이룬 꿈을 자식에게 투영하는 왜곡된 사랑이 그들을 지배하고 있었다. 자식은 딱딱한 학원 의자에서 좋은 대학에 들어갈 훈련만 시키고, 자신은 예배당 의자에 앉아 천국 백성이 될 준비를 하는 것이 과연 옳은 것인가? 저들의 영혼을 책임지는 목자로서 참으로 안타까운 현실이라 아니할 수 없었다.

다섯 : 팔다리 없는 교인

새벽기도 시간에 기도를 하고 있는데 갑자기 천국의 환상을 보게 되었다. 거기서 예수님과 베드로가 천국에 들어오는 사람들을 놓고 이야기를 나누고 있었다.

"베드로야, 이번에 들어온 이는 팔다리가 있느냐?"

"없습니다, 예수님."

"왜 없느냐?"

"행함이 없기 때문입니다."

예수님께서 똑같은 질문을 다시 한 번 하시자 베드로가 이내 똑같은 대답을 했다. 그 모습을 보다가 깜짝 놀라 눈을 뜨게 되었지만 그것은 너무도 생생한 환상이었다. 기도하기 전까지 야고보서를 읽고 있었는데, 그 중에서 2장 22절 말씀이 떠올랐다.

> "네가 보거니와 믿음이 그의 행함과 함께 일하고 행함으로 믿음이 온전하게 되었느니라"(약 2:22).

믿는다고 하지만 행함이 없는 교인들, 하나님께서는 나에게 그들의 모습을 보여주신 것이다. 농담 삼아 나는 이런 얘기를 자주 하곤 했다. 천국에 가면 입만 오는 사람들이 많다. 왜냐하면 입으로 시인하면 구원에 이른다고 하셨으니 시인만 하고 그리스도인으로 온전히 변화되지 않은 사람들은 입만 구원받지 않겠느냐고 말이다. 그런데 그 환상을 보고 나서 하나님께서 한국 교회를 보며 얼마나 개탄하고 계신지 알 수 있었다. 한국 사회를 바꾸고도 남을 만한 숫자를 가졌음에도 불구하고 전혀 영향력을 미치지 못하는 행함 없는 교인들, 그들을 하나님께서는 안타까운 심정으로 바라보고 계신 것이다.

이는 내가 담임하고 있는 예수마을교회도 마찬가지였다. 그런 잣대로 보니 우리 교회 또한 전형적인 한국 교회요, 제도적인 교회였던 것이다. 영적으로 팔다리가 없는 수많은 성도들을 보면서 내가 할 일은 그들의 불구를 고치는 것이라는 생각이 강하게 들고 있었다.

9. 종교인인가? 그리스도인인가?

나는 가치관에 대해서 좀더 깊이 생각해 보았다. 하나님을 믿는 자들의 참된 가치관은 오직 하나님 중심이어야 한다. 그렇지 않으면 이는 우상을 숭배하는 것과 같다. 하나님의 자녀는 자신의 인생의 모든 초점을 하나님께 맞출 수 있어야 한다. 그것이 자신에게 이익이 되든 손해가 되든 상관없이 말이다. 이러한 가치관을 가진 자들이 그리스도인이요, 교회는 그들을 길러내는 곳이 되어야 했다.

그런데 교회 안에 그리스도인은 없고, 종교인만 가득했다. 각종 원서나 이력서 종교 란에 '기독교' 라고 적기는 하지만 그 가치관은 전혀 기독교인답지 않은 종교인들만 넘쳐나고 있는 것이었다. 그들은 자신이 종교인인지 그리스도인인지도 모른 채 예배당만

왔다갔다 한다. 그렇게 일정 기간이 지나면 집사를 주고 권사를 준다. 그리고 교회에서 발언권을 가지고 결정권도 갖게 된다. 이러한 종교인들이 지배하는 교회가 바르게 될 리 만무한 것이었다.

문제는 잔뜩 알게 되었는데 해결할 길이 요원했다. 소위 좋다는 프로그램은 이것저것 다 시도해 보았고, 말씀으로 가르치고 권면도 해보았지만 별반 달라지는 것이 없었다. 그만큼 그들이 갖고 있는 세상적 가치관은 철옹성 같은 것이었다.

나는 이들을 변화시킬 방법을 찾았다. 분명 쉽지 않은 일이었지만 반드시 해야만 하는 일이었다. 그런 와중에 하나님께서 나에게 새로운 목회에 대한 비전을 보여주셨다.

교회의 체질을 바꿔라

제 2 부 밴드목회로의 변화

1. 지금까지 나의 목회는 실패였다
2. 몇 달만 참아보자
3. 걱정 마! 교회가 책임져
4. 변화를 향한 움직임
5. 새로운 고민이 생기다
6. 밴드와 만나다
7. 토양화 작업의 필요성
8. 밴드목회의 정착을 도운 MD사역

1. 지금까지 나의 목회는 실패였다

목회에 대한 고민이 깊어질 무렵 나는 목회학 박사 과정을 밟기 위해 미국 애쉴랜드 대학(Ashland Theological Seminary)에 진학하였다. 그리고 그곳에서 '셀 목회'를 만나게 되었다. 지금 생각해도 그것은 참으로 가슴 뛰는 만남이었다. 셀 그룹 안에서 생명력이 넘치는 목회, 나눔이 있는 목회, 참된 사랑의 공동체를 이루는 목회의 가능성을 보았기 때문이다.

그들의 모습을 보면서 예수마을교회와 비교해 보았다. 그러자 내 목회 현장이 너무도 초라하게 보였다. 사람들은 많이 모이지만 그들은 전혀 하나 됨을 이루지 못하고 마치 보리밥처럼 따로 놀고 있었다. 한 몸이어야 할 주님의 공동체가 각기 따로 놀다가 예배가 끝나면 썰물처럼 빠져나가는 것이다. 한 건물 안에 모여 있긴 하지만 온전한 교회 됨을 이루지 못하는 모습, 그것이 가슴 아프게도 내 목회의 현장이었다.

나는 우리 교회가 보리밥이 아닌 찰밥과 같은 교회로 바뀌어야 한다고 생각했다. 서로에 대한 사랑으로 뭉친 교회, 서로가 떼려야 뗄 수 없는 완전히 한 몸 된 공동체, 그것이 진정 교회가 지향해야 할 공동체의 모습이었다.

그런 관점에서 보니 지난 17년간의 나의 목회는 실패였다는 결론에 이르게 되었다. 생각이 거기에 미치자 도저히 가만히 있을 수 없었다. 한국으로 돌아오자마자 나는 지금까지 나의 목회가 실패였다는 것을 모든 성도들 앞에서 고백했다. 참으로 어려운 결정이었지만 그렇게 하지 않고서는 이미 1,500여 명이 모이는 기성교회를 뿌리부터 변화시키는 일에 뛰어들 수 없다고 생각했다.

그런 나의 행동이 한동안 교회 안에 엄청난 파장을 몰고 왔다. 그동안 나를 신뢰하고 나의 가르침을 따라왔던 대다수 교인들은 이제 어떻게 해야 하느냐며 당황하고 있었다. 하지만 나는 흔들리지 않았다. 지금 변하지 않으면 다음엔 더 어려워진다는 것을 알고 있었기 때문이다.

2. 몇 달만 참아보자

내가 극성맞긴 극성맞나 보다. 교인들은 내가 비장하게 목회의 비전에 대해 말하니 처음에는 혼란스러워하다가 이내 '또 어디서 뭘 듣고 왔나?', '이번엔 또 무슨 프로그램이야?' 하며 금세 흥분을 가라앉혔다. 지금까지 목회를 하면서 교인들을 훈련시키기 위해 수없이 많은 프로그램을 도입했었기 때문이다. 하도 여러 프로그램을 겪다 보니 교인들도 이젠 타성에 젖어 있었다.

그런 교인들에게 "이제부터 내가 하려고 하는 것은 프로그램이 아니다. 나의 목회철학과 방향이 완전히 바뀐 것이다."라고 아무리 얘기를 해줘도 도통 이해를 하지 못했다. 그러고는 저들끼리 이런 말을 하고 다녔다.

"몇 달만 참자! 목사님이 곧 흥분을 가라앉히시면 괜찮아질 거야.”

“그래 맞아, 그때까지 조용히 있자고!”

당시 교인들의 생각은 이랬다. 그들의 말을 들으면서 ‘그래, 아무렇게나 생각해라. 곧 나의 달라진 모습을 보게 될 테니.’ 라고 생각하며 차근차근 목회 방향의 변화를 준비해 나갔다.

이미 타성에 젖어버린 교인들을 변화시키는 것은 새신자를 양육하는 것보다 더 어려운 일이었다. 하지만 어떻게든 우리 교인들이 하나님이 보시기에 온전한 자로 변화되길 바라며 변화에 박차를 가했다.

그렇게 목회 방향을 바꾸면서 적응하지 못하고 떠나는 가정이 한 가정 있었다. 아무리 붙잡고 설득해도 듣지 않았다. 끝내 그들을 보낼 수밖에 없었는데 그를 보내며 생각해보니 그가 초창기 멤버가 아니라는 사실을 깨닫게 되었다. 그는 이미 다른 교회에서 직분도 받고 신앙생활을 하다가 중간에 옮겨 온 교인이었다. 즉 그에게는 목회 방향이 문제라기보다는 오히려 나와 끈끈한 관계가 부족했던 것이다.

그것을 보면서 나는 더욱더 교회가 변해야 한다는 생각을 확고하게 하게 됐다. 왜냐하면 교인들이 이런 끈끈한 사랑의 관계를 맺는 공동체를 만들지 못하면 언제라도, 누구든지 교회를 쉽게 떠날 수 있는 것이기 때문이다. 아무리 떠나려고 해도 이미 한 몸이 되어 있어서 쉽게 떠날 수 없는 사랑의 공동체, 너의 기쁨이 나의 기쁨이 되고, 너의 슬픔이 나의 슬픔이 되는 그런 가족 같은 공동체를 만드는 것이 중요한 일이었다.

지금 돌아보면 그때 몇 달만 참아 보자고 했던 교인들이 지금까지 나와 함께 하고 있는 것을 보게 된다. 그만큼 그들은 내 목회의 동반자였고, 교회다운 교회를 세워가는 데 있어서 없어서는 안 될 기둥들이었다. 그런 그들을 보며 나는 "몇 달이 아니라 주님 나라 갈 때까지만 참아 봐요."라고 혼잣말로 되뇌곤 한다.

3. 걱정 마! 교회가 책임져

사랑이 있는 목회를 하자니깐 여기저기서 해프닝이 일어났다. 교인들 중에 힘든 일이나 어려운 일이 생기면 우르르 몰려가서 한다는 말이 가관이었다.

"걱정하지 마. 교회에서 다 책임질 거야."

교인들에게 사랑은 받는 것이었다. 때문에 어려운 교우의 문제를 교회에서 다 해결해 주는 것이 가정목회라고 생각했다. 물론 교회가 어려운 교우를 돕는 것은 당연한 일이다. 그러나 그것은 어디까지나 성도들간의 깊은 사랑에서부터 우러나와야 한다. 교인들이 서로 진심으로 사랑하는 관계라면 자신을 희생해서 도와야 할 텐데 이건 만만한 게 교회였다. 자신이 품을 생각은 안 하고 무조건 교회가 책임지라는 것이었다. 나는 사랑의 개념이 교인들에게 이렇게밖에 심어질 수 없는가를 고민하지 않을 수 없었다.

그 무렵 신당맨션 아파트가 무너졌다. 정확히 말해서 무너진 것은 아니지만 건물이 심하게 기울어졌다. 신당맨션은 시장 입구에 있던 상가아파트였는데 그곳에는 우리 교인들도 많이 살고 있었다. 그런데 갑자기 건물이 기울어지면서 사람들이 뭐 하나도 제대로 챙겨 나오지 못하고 겨우 몸만 빠져나왔다. 졸지에 모두가 거리에 나앉게 된 것이다.

나는 그들을 위해 교회의 문을 열었다. 누추하지만 교회에 임시 거처를 마련하고 그들이 다른 곳을 알아볼 때까지 살도록 했다. 지금 생각해봐도 그때 참 많이 괴로웠던 것 같다. 내 가족 같은 교인들이 갈 곳이 없어 헤매는 모습을 보니 목자로서 마음이 아프지 않을 수 없었다.

그 모습을 보면서 깊은 고민 끝에 그들을 사택으로 들이고 나와 가족들이 다른 곳으로 이사 가기로 결심했다. 감사하게도 사모와 자식들이 내 결정에 동의해주었다. 그런데 막상 그 교인들이 결사반대하고 나섰다. 목사님이 그러시면 자신들이 교회에서 나가 길거리에서 자겠다고 협박 아닌 협박까지 했다. 결국 그 일은 성사되지 못하고 다행스럽게도 교인들은 하나둘씩 새 보금자리를 찾아 떠나갔다.

그런데 그 일이 있은 후에 한 교인이 나를 찾아왔다. 그러고는 다짜고짜 자신에게 방을 하나 내놓으라고 했다. 왜 그러느냐고 물었더니 아들을 장가 보내야 되는데 교회에서 방을 하나 마련해 달라는 것이었다. 자신도 교회에 할 만큼 했으니 그만큼 대가를 받아야겠다고 말했다. 그러면서 얼마 전 교회에 머물렀던 교인들 이야기까지 꺼냈다. 그 사람들은 허락하면서 자신은 허락하지 않을 거냐고 생떼를 썼다. 참으로 난감한 상황이었다. 그녀에게 교회는 그런 곳이 아니라는 것을 이해시키는 데 한참을 고생해야 했다.

'사랑하며 사는 것', 그것은 생각보다 쉽지 않은 것 같다. 무엇보다 우리를 위해 자신의 모든 것을 내어주신 예수님의 십자가의 사랑을 인간의 이성으로 다 이해하기에는 참으로 어려운 일이다. 특별히 예수마을교회 교인들에게 그와 같은 사랑을 베풀며 살라고 가르치는 것은 더욱 쉽지 않았다. 너무나 제한된 삶의 영역에서 배운 것이라고는 먹고 사는 기술 하나밖에 없는 사람들에게 사랑을 베풀라는 것은 어찌 보면 사치스러운 개념처럼 느껴지기도 했다. 아무리 말로 설명해도 가슴으로 이해가 안 되는 그런 말이었다. 그래서 예수님도 제자들을 보시며 그토록 탄식하지 않았던가? 그러나 주님의 말은 제자들에게 남지 않았을지 몰라도 그분의 삶은 끝까지 제자들에게 남아 그들을 영원히 가르쳤다. 그들을 사랑하시되 끝까지 사랑하셨던 그 모습이 결국 제자들의 삶을 변화시킨 것이다.

나는 일련의 사건을 겪으면서 새로운 교훈을 얻게 되었다. 그것은 사랑을 말로 가르쳐서는 안 된다는 것이다. 내가 먼저 삶으로 본을 보이면서 그들과 함께 부대끼며 사는 것, 그것밖에는 달리 방법이 없었다. 굳이 정의하려고 하지 않아도, 굳이 설명하지 않아도 교인들이 마음으로 느끼고 따라올 때까지 내가 먼저 사랑하고, 내가 먼저 섬기는 것이 중요했다.

나와 함께 목회의 격변기를 함께 겪었던 부교역자들이 가정목회, 사랑의 목회는 인텔리 계층에 어울리는 목회 같다고 말하곤 했다. 앞서 탐방했던 셀 목회를 하는 교회들도 그 구성원들 대부분이 인텔리 계층이기도 했다. 그러나 그에 대한 나의 대답은 "아니오."였다. 사랑의 목회는 '개념'이 아니라 '삶'이라고 생각했기 때문이다. 삶으로 보자면 중앙시장 사람들처럼 순박한 사람들이 또 어디에 있을까? 그들이 아직 깨닫지 못해서 그렇지 깨닫기만 한다면 그 어떤 계산도 없이 자신의 몸을 던져 주님을 위해 희생할 사람들이라고 생각했다. 나는 그것을 꼭 증명해 보이고 싶었다.

4. 변화를 향한 움직임

교인들의 가치관을 하나님 중심으로 바꾸고, 예수님의 사랑이 넘쳐나는 교회로 거듭나게 하기 위해서는 삶으로 모범을 보이면서도 한편으로는 지속적인 교육이 필요했다. 그러한 교육의 일환으로 소그룹 모임인 속회에서 참된 교회 공동체의 모습이 무엇인가에 대해 함께 나눌 수 있도록 교안을 만들고, 동시에 성경공부 반을 만들어 의식화 작업을 진행했다.

성경공부는《예수님짜리》라는 책으로 했는데 성도들이 '하나님 중심의 가치관'을 갖게 하는 것과 그런 성도들이 모여 이루는 진정한 '사랑의 공동체'에 관한 것이 주된 교육의 내용이었다. 성경공부와 더불어 소그룹 모임에서 같은 주제를 가지고 지속적으로 나눔을 갖자 교인들의 의식이 변화되는 것을 느낄 수 있었다. 그러면서 조금씩 자신의 생각과 고민을 교우들과 함께 나누기 시작했다.

그러나 한편에서 문제도 생겨났다. 자신의 상처를 나누는 데 익숙하지 않은 교인들이 그러한 나눔이 있은 후에 비밀이 지켜지지 않아 시험에 드는 것이었다. 나는 그들에게 소그룹 내에서 나누어진 이야기는 반드시 소그룹 안에서만 해결하라고 당부했건만 얼마 동안 이러한 문제는 계속해서 생겨났다. 때로는 마음에 상처를 입고 교회에 나오지 않겠다는 사람도 있었다. 급기야는 그 책임이 목사인 나에게 돌려지기도 했다. 내가 그 원인을 제공했다는 것이다. 또 어떤 교인은 목사님이 비밀을 다른 사람들에게 이야기했다고 원망하기도 했다. 그렇지 않으면 자신의 치부가 사람들에게 회자될 리 없다는 것이다. 워낙 자신의 삶을 나누는 데 익숙하지 않은 험한 삶을 살아온 사람들이라 한편으로 이해가 되었다.

하지만 시간이 지나면서 차츰 교인들은 이러한 방식에 익숙해지기 시작했고 자신을 표현하고 다른 사람의 이야기를 듣는 데 훈련이 되고 있었다. 그리고 자신들의 아픔과 문제들이 하나님으로부터 뿐만 아니라 교인들을 통해서도 위로받고 감싸질 수 있다는 사실에 놀라워했다. 그 모습을 보면서 관망하던 사람들도 하나둘씩 이 공동체에 함께 하기 시작했다. 그렇게 그들의 삶은 조금씩 변화되고 있었던 것이다.

5. 새로운 고민이 생기다

가정교회로의 변화를 추구하면서 새로운 고민이 생겨났다. 교회 안에는 다양한 부류의 사람들이 있는데, 그들 모두가 당장 훈련된 그리스도의 군사가 될 수는 없는 노릇이었다. 다시 말해 내가 생각하는 틀 안에 들어오지 못한 교인들을 위해서도 목회적인 배려가 필요하다는 생각을 하게 된 것이다. 이와 함께 목회 초기부터 힘써왔던 구령사업도 더 체계적이고 광범위하게 해야 할 필요가 있었다. 그것이 초대교회 때부터 교회에 주어진 사명이기 때문이다. 그런 관점에서 보자면 셀 교회가 추구하는 가정교회는 아무래도 영적인 성숙과 양육에만 치우친 경향이 있는 것 같았다.

고민에 고민을 거듭해 봐도 교인들을 철저하게 하나님 중심의 가치관을 가진 자로 '양육' 하는 것과 함께 '선교적인 영역' 도 매우 중요하다는 생각을 떨칠 수가 없었다. 예수님도 허다한 무리부터 열두 제자와 세 제자에 이르기까지 다양한 영역을 상대로 목회하지 않으셨던가? 물론 예수님의 목표는 그들이 모두 헌신된 제자가 되는 데 있었지만, 그렇지 못한 자들에게도 늘 관심과 사랑을 베푸셨다. 그렇다면 어떻게 이 두 영역이 조화를 이루며 통합적으로 목회를 이끌어 갈 것인가 하는 것이 내게 새로운 고민이 되었다.

그러던 중 셀 목회를 잘한다는 한 교회에 탐방을 갔다가 한 침례교회 목사로부터 이런 말을 듣게 되었다.

"셀 목회는 감리교 창시자인 웨슬리로부터 배운 것인데, 왜 우리에게서 배우려고 합니까?"

그 말을 듣고 나는 엄청난 충격을 받았다. 내 자신이 감리교 목사이면서도 이제까지 웨슬리에 대해 너무나 무지했음을 깨달았기 때문이다. 그날부터 웨슬리에 대한 자료를 찾아 연구하기 시작했다. 그리고 내가 고민했던 가장 이상적인 목회의 모형이 바로 웨슬리에게 있었음을 발견하였다. 그 날의 감격은 말로는 도저히 표현할 길이 없다. 지금도 그때의 감격을 생각하면 다시 가슴이 뛴다. 왜냐하면 웨슬리의 목회 구조에 내가 그렇게도 고민했던 선교와 양육 대상의 구분, 그리고 그들간에 원만한 소통을 이룰 수 있는 공동체, 이를 통한 지속적인 변화와 부흥의 원리가 다 담겨져 있었기 때문이다.

6. 밴드와 만나다

웨슬리의 목회를 연구하면서 그의 모든 목회의 핵심에는 '밴드(BAND)' 가 있었다는 사실을 알게 되었다(웨슬리의 밴드에 대해서는 3부에서 자세히 다룰 것이다). 그 밴드를 중심으로 한 웨슬리의 공동체가 내가 고민하며 지향하고 있는 목회와 가장 흡사했던 것이다. 밴드는 그것 자체로 생명력 있는 하나의 작은 교회이면서도 전체 교회를 이끌어가는 근간이 되는 조직이기도 했다.

밴드와 나의 목회가 지향하는 바가 같다는 것을 깨달은 후 너무 기뻐서 교인들에게 밴드에 관해 이야기했다. 그러자 그들은 우습다는 듯 이렇게 말했다.

"밴드요? 그거 밤무대에서 같이 연주하는 딴따라잖아요? 그게 어쨌다는 거예요?"

하긴 그럴 만도 했다. 워낙 생소한 개념인 데다 흔히 밤무대에서 쓰는 말과 같았기 때문이다. 그래서 난 이렇게 대답했다.

"맞습니다. 그 밴드요. 그 사람들은 같이 연주하고, 같이 돈 받고, 같이 나누죠. 한 마디로 동고동락하는 거죠. 우리도 그러려는 거예요. 다만 밤무대가 아닌 교회에서, 돈이 목적이 아닌 하나님을 목적으로 말이죠."

그때부터 나는 교인들에게 시간이 날 때마다 밴드라는 말을 쓰기 시작했다. 우리가 하고자 하는 목회가 밴드목회다. 웨슬리라는 분이 그걸 만드셨는데 그것은 하나의 작은 교회다. 우리는 모두 궁극적으로 밴드에 들어가야 하고, 앞으로 우리 교회가 나아가야 할 방향이 이것이라고 계속해서 강조했다.

그런데 이렇게 밴드를 강조하자 문제가 불거져 나오기 시작했다.

"목사님, 한 집사님이 교회를 옮기겠답니다."

"아니, 왜요? 부목사님?"

"글쎄, 밴드에 관한 얘기를 들으니 너무 힘들 것 같다는군요."

"그러면 열린 영역에서 부담 없이 신앙생활하면 되잖아요?"

"그러게 말입니다. 목사님이 하도 강조하시니까 당장에 들어가지 않으면 자신만 도태된다고 생각했나 봐요."

"그래요? 이건 강요하는 게 아닌데……"

내가 밴드에 대해 계속 강조하다보니까 교인들이 당장 밴드의 일원이 돼야 하는 줄 알고 적지 않은 부담을 가졌던 것 같다. 사실 그때까지만 해도 연구만 하고 있을 뿐 밴드목회를 제대로 도입한 것도 아닌데 너무 앞선 이야기들이 흘러나오고 있었던 것이다.

그저 밴드목회가 무엇인가 관망하고 있는 교인들에게 부담을 줄 생각은 전혀 없었다. 그들도 교회의 입장에서 보면 소중한 자원들이기 때문이다. 그렇기 때문에 그들이 즐겁고 기쁘게 신앙생활을 할 수 있는 장도 필요했다. 신앙적으로 볼 때 아직 어린 아이에게 어른의 행동을 강요할 수 없는 것이기 때문이다. 나는 교회가 아직 신앙이 어린 교인들에게 심리적 압박을 주어서는 안 된다고 생각했다. 그들도 존중을 받아야 하고, 사랑을 받아야 하는 귀한 존재였다. 시간이 되면 그들이 천천히 그리고 자발적으로 성숙의 필요성을 느끼게 하는 것이 옳은 것이었다.

7. 토양화 작업의 필요성

머릿속에 아무리 이상적인 목회의 그림이 있어도 그것을 현실에 적용하는 것은 또 다른 문제라는 것을 깨달았다. 물론 교인들이 조금씩 변하고는 있었지만 그들을 급격하게 새로운 목회의 틀에 들어가게 한다는 것은 매우 힘들 뿐 아니라 위험한 시도였다. 그렇다. 17년간 굳어진 모습을 단번에 바꾸는 것은 생각처럼 쉽지도 않고 옳지도 않다. 그들에게 새로운 목회 패러다임을 온전히 이해하고 받아들일 수 있는 시간이 필요했던 것이다.

그때 나는 토양화 작업이 중요하다는 사실을 절감했다. 준비도 되지 않은 교인들을 이것이 좋은 목회구조라고 아무리 등을 떠밀어봤자 억지로 끌려갈 뿐 전혀 자발적인 에너지가 생성되지 않았다. 그 모습을 보면서 나는 토양화 작업을 위해 4년의 시간을 잡았다. 물론 이 기간이 더 길어질 수도 있지만 교육 여건이나 여타상황을 고려해 볼 때 그 정도면 가능하겠다는 판단이 섰다. 이 기간 동안 철저하게 교인들을 훈련시키기로 했다. 그리고 그 훈련이 무르익었을 때 새로운 목회로의 변화를 꾀하기로 했다.

4년의 시간이 주어지자 교인들은 일단 안심하는 것 같았다. 누구나 다 급격한 변화는 싫어하는 법이다. 이렇게 시간적 여유가 생기자 교인들도 오히려 내가 하는 말에 귀를 기울이기 시작했다. 4년 정도면 자신도 훈련될 수 있다는 자신감을 갖는 것 같았다.

그렇게 토양화 작업을 하면서 돌아보니 나의 지난 목회가 꼭 실패는 아니었다는 사실을 깨닫게 되었다. 굳이 평가하자면 다만 부족했을 따름이었다. 왜냐하면 하나님의 교회는 끊임없이 무리들이 나아와 '구원받는 장' 이 되어야 하는 동시에 구원받은 자들이 예수님의 형상을 닮은 성숙한 그리스도인으로 '양육되는 곳' 이어야 하기 때문이다. 과거에 나는 한 쪽 측면만 보고 목회했던 것이고, 이제는 '균형' 을 가지고 목회하려는 것이었다. 균형 있는 목회를 통해 '선교' 와 '양육' 이 조화를 이룬다면 초대교회와 같은 건강한 교회 공동체를 세울 수 있으리라는 확신이 들었다.

8. 밴드목회의 정착을 도운 MD사역

밴드목회가 예수마을교회 안에 뿌리를 내리는 데 결정적인 역할을 한 것이 바로 'MD사역(새신자 정착사역)' 이다. 'MD(mediator)' 라는 말은 '중재자', '중보자' 라는 뜻을 가지고 있다. 내가 새신자 정착사역을 MD사역이라 명한 이유는 성도 한 사람 한 사람이 하나님과 새신자 사이를 중재하고 돕는 자의 역할을 하기 바랐기 때문이다. 즉 한 영혼을 사랑하는 데 있어서 예수님과 같은 마음, 예수님과 같은 손길로 예수님이 하셨던 사역을 감당하길 원했던 것이다.

교인들이 교회에 처음 찾아 온 새로운 영혼을 한 사람씩 맡아 예수님과 같은 마음으로 사랑하며 교회에 정착시키는 MD사역은 사랑의 공동체를 이루는 밴드목회의 시발점 역할을 톡톡히

해주었다. 전체적인 목회의 그림은 몰라도 한 영혼을 예수님처럼 사랑하고 품어서 잘 정착시켜야 한다는 말에는 모두 수긍하고 잘 따라와 주었기 때문이다.

MD사역을 통해 교회의 풍경이 삽시간에 바뀌었다. 주일날이면 교육을 받은 MD사역자들이 자신이 맡아야 할 새신자를 기다리며 대기실 앞에 줄지어 서 있는 진풍경이 생겨났다. 그리고 교인들이 새신자를 5주 동안 내 영적인 자녀같이 돌보고 사랑을 베풀면서 자신이 영적으로 어미나 아비의 마음을 갖게 되는 것을 경험하게 되었다. 이것은 실로 놀라운 체험이었다. 왜냐하면 이러한 마음이 있어야 진정한 하나님 나라 가족 공동체인 밴드가 형성될 수 있는 기반이 세워지기 때문이다.

더 감사한 것은 MD사역을 통해 선교적인 영역의 효과도 놀랄 만큼 올라갔다는 데 있다. 처음 8개월 MD사역을 실시했는데 약 300명이 등록한 중에 무려 250명 이상이 정착하게 되는 놀라운 일이 일어난 것이다. 이전에는 상상도 하지 못했던 수치였다. 이 사건은 교회 안에 일대 파란을 몰고 왔다. 밴드목회가 뭔지는 모르지만 목사님이 하라는 대로 순종하니까 교회가 부흥되고 좋아진다는 인상이 성도들 안에 심겨지게 된 것이다.

한 번 좋은 이미지가 생기고 나니까 성도들이 너도나도 MD사역에 뛰어들면서 점점 더 교회가 활기를 띠기 시작했다. 자연히 교회는 부흥했고, 밴드목회에 대한 거부감도 사라지면서 오히려 기대감이 생겨났다. 불과 첫 발만 내딛었을 뿐인데 이렇게 좋아지는 거라면 밴드목회를 다 실행했을 때는 얼마다 더 좋아질까 하는 기대감이 곳곳에서 나타났다. 처음부터 밴드목회를 통한 '리더 양육'과 선교적 영역의 '열린 목회'를 동시에 추구하려고 했던 나의 기대가 MD사역을 통해 완전히 적중한 것이다. 나는 이러한 과정을 거치면서 이미 정착되고 굳어진 기성교회가 큰 문제 없이 변화될 수 있는 가능성을 보았다. 그 가능성에 용기를 얻어 하나씩 차근차근 밴드목회를 뿌리 내려갔다.

21세기에는 새로운 목회환경이 도래할 것이다. 급변하는 사회 속에서 교회가 설 자리는 더욱 좁아질 것이다. 이런 시대에 교회가 나아갈 바는 오직 한 가지이다. 바로 하나님이 원하시는 교회로 거듭나는 것이다. 그렇지 않으면 세상에서 손가락질 받다가 후에는 주님의 외면을 받는 교회가 되고 말 것이다.

그러면 이제 하나님이 바라시는 교회요, 성경이 말하는 교회가 어떤 것인지 함께 살펴보기로 하자.

교회의 체질을 바꿔라

제 3 부 밴드목회의 이해와 적용

1. 성경이 말하는 교회
2. 교회의 목적을 이루라
3. 웨슬리의 목회 조직
4. 밴드목회란 무엇인가?
5. 기존 교회를 밴드교회로
6. 밴드교회의 사명은 무엇인가?

1. 성경이 말하는 교회

지금까지 나눈 예수마을교회의 사정은 오늘날 한국 교회가 안고 있는 전형적인 문제라고 본다. 정도의 차이는 있겠지만 많은 교회들이 변화되지 않는 교인, 성도들과 진정한 사랑의 교제를 나누지 못하는 교인, 교회 안에서는 거룩한 성자지만 교회만 나서면 세상 사람보다 못한 교인들 때문에 고민하며 변화를 위해 애를 쓰고 있다. 하지만 그 노력과는 달리 오늘날 세상에서 단지 그리스도인이라는 이유만으로 손가락질 당하고 욕을 먹는 그런 시대가 되고 말았다.

과연 어디서부터 잘못된 것일까? 이 모든 문제의 근원은 교회에 대한 잘못된 이해에서부터 시작됐다. 그렇다면 성경이 말하는 교회는 무엇이고, 그 목적은 무엇인가? 성경을 통해 함께 알아가 보도록 하자.

1) 가정이 교회다

교회의 원형을 알고자 한다면 먼저 창조 때의 모습을 살펴보아야 한다. 왜냐하면 창조 때 하나님께서 처음 만들어주신 가정의 모습이 우리가 회복해야 할 교회의 모형이기 때문이다.

하나님은 사람을 만드시기에 앞서 먼저 가장 아름답고 이상적인 환경을 만드시고 "보시기에 좋았더라"(창 1:4, 10, 12, 18, 21, 25)고 말씀하셨다. 그 후 인간을 하나님의 형상대로 만들고는 생기를 불어넣어 주셨다(창 1:26-27, 2:7). 당신의 영을 우리 안에 불어넣어 주신 것이다. 이것은 하나님께서 우리에게 나타낼 수 있는 가장 큰 사랑의 표현이었다. 마치 부모가 태중의 아기를 위해 모든 것을 기쁨으로 준비하며 태아에게 한없는 사랑을 표현하는 것과 같이, 하나님은 우리를 창조하시기 전에 우리가 살 수 있는 모든 환경을 최상의 것으로 준비하셨을 뿐 아니라 당신의 영까지도 우리에게 선물로 주신 것이다. 이러한 하나님의 사랑을 받았기에 인간은 인격적이며 깊은 사랑을 나눌 수 있는 것이다. 때문에 아담이 하와를 향해 "이는 내 뼈 중의 뼈요 살 중의 살이라"(창 2:23)고 표현할 수 있었다.

사랑으로 창조된 아담과 하와의 가정을 위해 하나님은 에덴동산 안에서 '자유' 를 주셨다. 아담은 각종 동물들의 이름을 지을 수 있었고(창 2:20), 동산의 각종 실과도 마음대로 먹을 수 있었다(창 2:16). 단, 이러한 자유는 하나님과의 바른 관계성 안에서만 가능하였으며, 창조주와 피조물의 관계가 확실히 인식될 때에만 허락되는 자유였다. 하나님은 당신과의 바른 관계성 속에서 자유를 마음껏 누리게 하시기 위해 최소한의 질서를 주셨는데 그것은 동산 중앙에 있는 '선악과' 였다(창 2:17). 이 선악과를 범하는 날에는 정녕 죽음을 맞이하게 되는데, 이는 곧 하나님과의 관계가 단절되는 것을 의미했다.

또한 하나님이 창조하신 아담과 하와의 가정은 '평화의 가정' 이었다. 하나님의 동산, 에덴 역시 평화의 동산이었다. 하나님은 아담과 하와를 통해 에덴동산의 모든 것을 다스리며 지키게 하셨고(창 2:15), 그곳에서 그들은 미움이나 증오, 다툼이나 시기가 없이 하나님의 평화를 맛보며 살 수 있었다.

이처럼 하나님과 인간이 만든 창조 때의 가정은 실로 사랑과 자유와 평화의 가치관이 이상적으로 자리 잡고 있는 공간이었다.

2) 가정교회의 파괴

하나님에 의해 창조된 가정은 뱀의 유혹으로 인해 하나님이 금지한 선악과를 따 먹음으로써 파괴되고 만다. 이로써 하나님과 인간의 관계는 단절이 된다. 하나님과의 관계가 단절되자 사랑과 자유와 평화의 가치관도 여지없이 무너지게 되었다. 하와를 "내 뼈 중의 뼈"라고 고백하며 사랑했던 아담은 범죄의 원인을 "하나님이 나에게 주셔서 나와 함께하게 하신 여자"(창 3:12)의 탓이라고 핑계를 댔다. 창조주와 피조물이라는 바른 관계 속에서 동산의 모든 자유를 누리던 인간은 "하나님 같이 되고자"(창 3:5) 하는 죄의 욕망 때문에 숨어 지내는 도피자로 전락했다. 그 결과 하나님과 인간, 인간과 인간, 인간과 자연 사이에는 그 어느 곳에도 평화의 모습이 남아 있지 않게 되었다. 사랑과 자유와 평화의 가정이 깨진 것이다.

하나님과의 관계가 단절되고 사랑과 자유와 평화의 가치관이 깨어진 가정이 제일 먼저 한 일은 하나님을 떠나는 것이었다. 창세기 4장 16-24절에는 범죄한 가인의 자손 이야기가 펼쳐져 있다. 그들에 대한 창세기 기자의 첫 마디는 "가인이 여호와의 앞을 떠나"(창 4:16)로 시작된다. 곧 타락한 인간은 하나님이 없어도 좋다는 영적인 교만에 빠진 존재이며, 이것이 바로 하나님과의 관계성이 끊어진 죽은 자들의 전형적인 모습이었다(하나님과의 관계 단절 = 죽음, 관계 회복 = 구원).

하나님을 떠난 인간은 곧바로 세상적 가치관을 추구한다. 하나님을 떠난 가인은 에녹성을 차지할 만큼 큰 부를 얻고, 가인의 후손 중 라멕은 아름다운 여인들을 모아 아내로 삼는다(창 4:19). 라멕의 아들 야발은 육축업으로 크게 부와 명예를 얻었고, 유발은 수금과 퉁소를 연주하는 음악가로 명예를 얻었으며, 두발가인은 기계를 만드는 기술자로서 부와 명예를 얻는다(창 4:20-22). 세상적으로 볼 때 이들은 한결같이 자기 분야에서 엄청나게 성공한 자들이 된 셈이다.

그러나 하나님의 눈으로 볼 때는 달랐다. 이들은 철저하게 실패한 자들이었다. 가인의 후손들이 세상적으로 성공하기 위해 많은 부정과 죄악, 다른 사람을 짓밟고 서는 피 흘림이 있었기 때문이다. 사도 바울은 하나님을 떠난 자들이 갖는 가치관과 그로 인해 파생되는 죄악에 대해 로마서에서 자세히 설명하였다.

"또한 **그들이 마음에 하나님 두기를 싫어하매** 하나님께서 그들을 그 상실한 마음대로 내버려 두사 합당하지 못한 일을 하게 하셨으니 곧 모든 불의, 추악, 탐욕, 악의가 가득한 자요 시기, 살인, 분쟁, 사기, 악독이 가득한 자요 수군수군하는 자요 비방하는 자요 하나님께서 미워하시는 자요 능욕하는 자요 교만한 자요 자랑하는 자요 악을 도모하는 자요 부모를 거역하는 자요 우매한 자요 배약하는 자요 무정한 자요 무자비한 자라 그들이 이같은 일을 행하는 자는 사형에 해당한다고 하나님께서 정하심을 알고도 자기들만 행할 뿐 아니라 또한 그런 일을 행하는 자들을 옳다 하느니라"(롬 1:28-32).

가인의 후손들은 바울이 지적한 바와 같이 하나님을 떠난 가치관을 가지고 지극히 세속적인 삶을 살았다. 그래서 가인의 후손 라멕은 아벨을 죽인 가인을 해하는 자의 벌은 칠 배이지만, 자신을 건드리는 사람에게는 칠십칠 배로 보복할 것이라고 말한다(창 4:24).

오늘날 우리가 살고 있는 이 사회에서도 하나님을 떠난 가인의 후손들이 계속해서 늘어나고 있다. 어떤 사람은 연예인으로, 법관으로, 의사로, 학자로, 운동선수로 각자의 분야에서 유명해지려 한다. 또 어떤 사람은 부의 축적이 자기 존엄을 얻는 유일한 방법이라 생각한다. 또한 권력을 최고의 목적으로 삼고 수단과 방법을 가리지 않는 사람들도 있는가 하면, 말초적 쾌락에 빠져 사는 사람들도 있다. 이들은 한결같이 하나님이 주신 가치관이 아닌 세상적인 가치관을 가지고 사는 사람들이다. 그 결과 가정은 파괴되고, 마음은 공허해지며 인생이 무의미해지는 경험을 하게 된다. 그 어떤 것도 이런 속박들로부터 이들을 구원해 줄 수 없다.

하나님을 떠난 가인과 그의 후손들에 관한 족보는 창세기 4장 외에는 그 어느 곳에서도 찾아볼 수 없다. 그 이유가 무엇인가? 하나님을 떠난 그들의 삶이 맹목적이고, 의미 없는 인생이었기 때문이다. 그들이 세상에서 이루어 놓은 소위 성공이라는 업적은 하나님이 보시기에 전혀 의미가 없었던 것이다.

이러한 성경의 증언을 통하여 우리는 "하나님을 떠난 삶은 의미가 없고, 미래도 없으며, 기억될 만한 것도 없고, 존귀하게 여길

만한 것도 없다."는 성경의 외침에 귀 기울일 줄 알아야 한다.

3) 예수님을 통한 가정교회의 회복

그러면 파괴된 가정을 창조 때의 모습으로 회복시키기 위한 하나님의 방법은 무엇이었을까? 그것은 하나님의 독생자 예수 그리스도를 희생하는 것이었다. 사도 바울이 로마서 5장 12-21절에 말한 것처럼 처음 아담의 실패로 단절된 하나님과의 관계를 예수 그리스도의 피 값으로 회복시킨 것이다.

> "한 사람의 범죄로 말미암아 사망이 그 한 사람을 통하여 왕 노릇 하였은즉 더욱 은혜와 의의 선물을 넘치게 받는 자들은 한 분 예수 그리스도를 통하여 생명 안에서 왕 노릇 하리로다"(롬 5:17).

예수 그리스도의 희생을 통해 우리와 하나님 사이에 막힌 담이 헐리게 되었고, 하나님과 화목한 사랑과 자유와 평화의 가정을 회복하게 되었다. 그러므로 예수님이 아니고서는 하나님과 바른 관계를 맺을 수 없는 것이다.

> "그는 우리의 화평이신지라 둘로 하나를 만드사 원수 된 것 곧 중간에 막힌 담을 자기 육체로 허시고 법조문으로 된 계명의 율법

을 폐하셨으니 이는 이 둘로 자기 안에서 한 새 사람을 지어 화평하게 하시고 또 십자가로 이 둘을 한 몸으로 **하나님과 화목하게 하려 하심이라** 원수 된 것을 십자가로 소멸하시고 또 오셔서 먼 데 있는 너희에게 평안을 전하시고 가까운 데 있는 자들에게 평안을 전하셨으니 이는 그로 말미암아 우리 둘이 한 성령 안에서 아버지께 나아감을 얻게 하려 하심이라"(엡 2:14-18).

4) 가정교회의 확장과 완성

하나님께서 예수님의 피 값으로 우리를 구원하시고, 예수님을 통해 하나님과의 관계를 회복시키는 것은 영원부터 예정하신 계획이었다. 이것을 바울은 하나님의 경륜(經綸)이라고 말한다.

"영원부터 만물을 창조하신 하나님 속에 감추어졌던 **비밀의 경륜**이 어떠한 것을 드러내게 하려 하심이라"(엡 3:9).

여기서 경륜이라는 말은 희랍어로 '오이코노미아(*οἰκονομία*)'라고 하는데, 그 말은 '경제, 경영, 관리' 라는 뜻이다. 이 단어에서 영어의 '이코노미(Economy)' 가 유래되었다. 오이코노미아는 '오이코스(*οἶκος*:집)' 와 '노모스' (*νομος*:법, 경영; *νέμω*에서 유래)가 합성되어 나온 말인데, 그 뜻은 '집을 운영한다.' 혹은 '집을 관리한다.' 이다. 그러므로 하나님의 경륜은 한 마디로 '하나님의 집의 운영계획' 이라 말할 수 있다. 하나님은 이 계획을 '영원부터' 세우셨는데, 지금까지는 비밀로 하시다가(엡 3:3, 4,9) 어느 날 예수 그리스도를 통해 온 세상이 보는 앞에서 만인에게 드러낸 것이다. 바울은 이 사실을 알고 흥분하고 기쁜 나머지 에베소서 전체에 걸쳐 자신이 깨달은 비밀(엡 3:4)에 대해 기록하고 있다.

바울이 깨달은 '비밀', 즉 '하나님의 경륜' 의 내용은 무엇인가? 그것은 하나님을 떠난 사람들, 다시 말해 세상적인 가치관에 매여 성공과 안위만을 추구하다가 결국 멸망으로 가는 가인의 후손들을 예수 그리스도 안으로 데리고 들어와서 영원히 행복하게 해 주겠다는 것이다. 그렇다면 그 비밀의 경륜을 이루는 통로는 무엇인가? 그것이 바로 '교회' 이다. 여기에 교회의 중요성이 있다.

"이는 이제 교회로 말미암아 하늘에 있는 통치자들과 권세들에게 하나님의 각종 지혜를 알게 하려 하심이니 곧 **영원부터 우리 주 그리스도 예수 안에서 예정하신 뜻대로 하신 것이라**"(엡 3:10-11).

따라서 우리는 교회를 든든히 세워야 한다. 지금까지 마귀들은 하나님으로부터 떨어져 나온 인간들을 어떻게 하든 하나님께로 돌아가지 못하도록 미혹하였다. 그런데 하나님이 마귀를 일격에 무너뜨리시고 인류를 구원할 예수님을 보내 주셨고, 예수님의 구원사업을 계승하도록 경륜(경제 계획)에 의해 교회를 세우신 것이다. 그러니 마귀들이 가만히 있을 리가 없다. 어떻게 하든지 자신들의 세력을 빼앗기지 않으려고 이전보다 더 악하고 강렬하게 기승을 부리는 것이 당연하다.

그렇기 때문에 예수 그리스도를 통하여 구원받은 성도는 교회를 통해 창조 때의 가정 회복사역이 이뤄지도록 힘써야 한다. 교회 안에 음부의 세력이 이기지 못할 강한 공동체를 세워야 하는 것이다. 그리고 이를 기반으로 하나님의 교회를 이 땅 곳곳에 세워가야 한다. 이를 위해서 먼저 성도가 주님과 함께 창조 때의 사랑과 자유와 평화가 넘치는 가정교회를 든든히 세우는 것이 중요하다.

"그의 안에서 건물마다 서로 연결하여 주 안에서 성전이 되어 가고 너희도 성령 안에서 하나님이 거하실 처소가 되기 위하여 **그리스도 예수 안에서 함께 지어져 가느니라**"(엡 2:21-22).

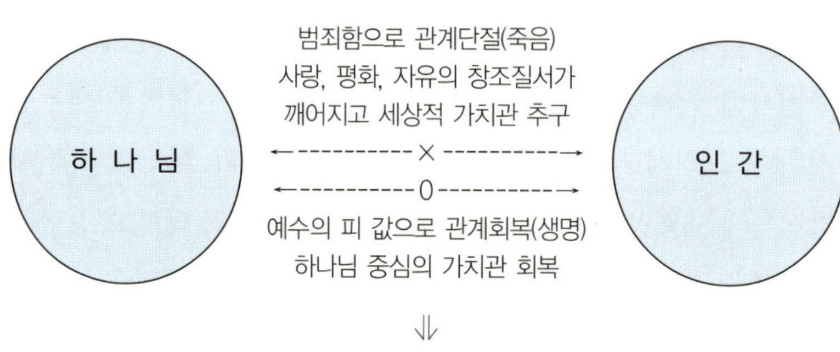

⇓

교회 = 그리스도의 몸

교회를 통해 예수 그리스도의
구원의 역할, 하나님과의 관계성
회복의 역할을 계속해 나감.
창조된 가정의 원형 회복

【교회를 만드신 하나님의 경륜(經綸)】

이제 교회는 예수님과 함께 하는 가정공동체, 운명공동체가 되었다. 이것을 바울은 “교회는 예수님의 몸”(고전 12:27), “예수님은 교회의 머리”(엡 4:15), “성도는 몸의 각 지체”(고전 12:18)라고 표현했다. 그러므로 지체는 머리의 지시를 받아 움직여야 하고, 몸은 각 지체가 그리스도의 장성한 분량에 이르도록 힘써야 한다. 지체끼리는 분열됨이 없이 상호 의존하여야 하며, 각자가 맡은 역할을 잘 감당하여야 한다. 만약 지체 중에서 자신의 역할을 잘 감당하지 못하는 지체가 있으면 다른 지체가 도와줌으로써 건강한 몸을 이루어야 한다. 이처럼 한 몸 된 거룩한 공동체를 이루는 것, 그것이 진정한 교회의 모습이다.

"오직 사랑 안에서 참된 것을 하여 범사에 그에게까지 자랄지라 **그는 머리니 곧 그리스도라** 그에게서 온 몸이 각 마디를 통하여 도움을 받음으로 연결되고 결합되어 **각 지체의 분량대로 역사하여 그 몸을 자라게 하며 사랑 안에서 스스로 세우느니라**"(엡 4:15-16).

결국 건강한 교회는 머리이신 그리스도의 말씀에 순종하고(수직적 관계), 각 지체인 성도들이 서로를 뜨겁게 사랑하는 공동체 의식(수평적 관계)을 확립할 때에만 가능하며, 이런 건강한 교회야말로 하나님의 경륜을 이루는 교회인 것이다.

2. 교회의 목적을 이루라

1) 교회의 참된 목적

앞에서 교회는 가정 공동체임을 강조했다. 이 말은 교회는 가정 같은 곳이 아니라 가정, 그 자체라는 뜻이다. 하나님을 아버지로 모시고, 예수님을 구주로 고백하며, 하나님의 말씀을 듣고 행하는 형제자매들의 모임, 그것이야말로 가정으로서의 교회이며 이상적인 교회의 모습이다.

"때가 차매 하나님이 그 아들을 보내사 여자에게서 나게 하시고 율법 아래에 나게 하신 것은 율법 아래에 있는 자들을 속량하시고 우리로 아들의 명분을 얻게 하려 하심이라 **너희가 아들이므로 하나**

님이 그 아들의 영을 우리 마음 가운데 보내사 아빠 아버지라 부르게 하셨느니라"(갈 4:4-6).

"예수의 어머니와 그 동생들이 왔으나 무리로 인하여 가까이 하지 못하니 어떤 이가 알리되 당신의 어머니와 동생들이 당신을 보려고 밖에 서 있나이다 예수께서 대답하여 이르시되 **내 어머니와 내 동생들은 곧 하나님의 말씀을 듣고 행하는 이 사람들이라** 하시니라"(눅 8:19-21).

젊은 남녀가 가정을 이루면 자녀를 출산하고 양육한다. 이것은 하나님의 가정인 교회에도 그대로 적용된다. 가정으로서의 교회는 자녀를 출산하여야 하고 양육하여야 한다. 여기서 '출산' 은 믿지 않는 자를 '구원' 시키는 것이고, '양육' 은 구원받은 자를 그리스도의 형상으로 '성장' 시키는 것이다.

"내가 하늘에서 내려온 것은 내 뜻을 행하려 함이 아니요 나를 보내신 이의 뜻을 행하려 함이니라 나를 보내신 이의 뜻은 **내게 주신 자 중에 내가 하나도 잃어버리지 아니하고 마지막 날에 다시 살리는 이것이니라** 내 아버지의 뜻은 **아들을 보고 믿는 자마다 영생을 얻는 이것이니** 마지막 날에 내가 이를 다시 살리리라"(요 6:38-40).

다시 한 번 강조하지만 이 말씀을 통해서 볼 때 **하나님의 뜻이**

두 가지임을 알 수 있다. 첫째는, 하나님의 아들 예수 그리스도를 믿는 자마다 영생을 얻게 하는 것(출산)이고, 둘째는, 하나님께서 맡긴 자를 하나도 잃지 않는 것(양육)이다. **'출산과 양육'**, 이것이 교회의 존재 목적이며 하나님의 뜻이다. 이를 위해 교회는 창조 때의 모습을 회복한 가정교회가 되어야 한다. 따라서 가정교회로의 회복은 새로운 교회 형태로서의 성장모형 제시가 아니라 하나님이 원하는 교회의 존재방식이다.

2) 예수님의 목회 배우기

지난 17년간 최선을 다해 열정적으로 목회를 했건만 왜 그토록 바랐던 건강한 교회공동체를 세우지 못했을까를 생각해보았다. 이유는 간단했다. 나는 교인들이 은사집회나 기도훈련, 프로그램이나 교재 등을 통해 성숙한 그리스도인이 되기를 바랐던 것이다. 그러나 정작 교인들은 다양한 프로그램과 교재를 통해 성서적인 지식은 많이 쌓았으나 성서적인 삶에 대해서는 전혀 배우지 못했다.

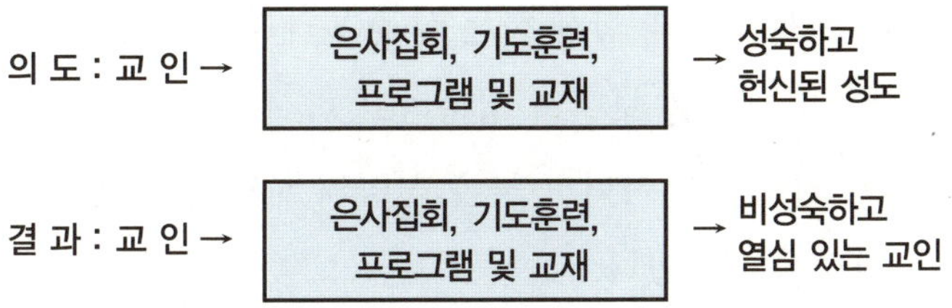

의 도 : 교 인 →	은사집회, 기도훈련, 프로그램 및 교재	→ 성숙하고 헌신된 성도
결 과 : 교 인 →	은사집회, 기도훈련, 프로그램 및 교재	→ 비성숙하고 열심 있는 교인

【나의 목회】

예수님의 목회는 나의 목회와 그 방식이 달랐다. 이것을 목회를 시작한 지 17년이 지나서야 비로소 깨달은 것이다. 나는 교인들을 '은사집회, 기도훈련, 프로그램과 교재' 등을 통해 성숙시키려 한 데 반해, 예수님은 제자들과 '함께 하는 삶' 을 통해 그들을 성숙시키셨다. 이것은 예수님께서 제자들을 부르신 목적에도 분명히 나타나 있다.

"또 산에 오르사 자기가 원하는 자들을 부르시니 나아온지라 이에 열둘을 세우셨으니 이는 **자기와 함께 있게 하시고** 또 보내사 전도도 하며 귀신을 내쫓는 권능도 가지게 하려 하심이러라"(막 3:13-15).

제자들이 하나님 나라를 위해 자신을 희생할 수 있었던 것은 예수님이 사용한 좋은 프로그램 때문이 아니었다. 제자들이 가졌던 능력과 권세 역시 교재에 의해서 생겨난 것이 아니었다. 오직 예수님께서 그들과 함께 하는 삶을 통해서 그 모든 일이 가능했던 것이다. 그것을 보면서 성숙하고 헌신된 제자는 프로그램과 교재에 의해서가 아니라 좋은 신앙의 모델을 통해서 만들어진다는 사실을 깨달았다.

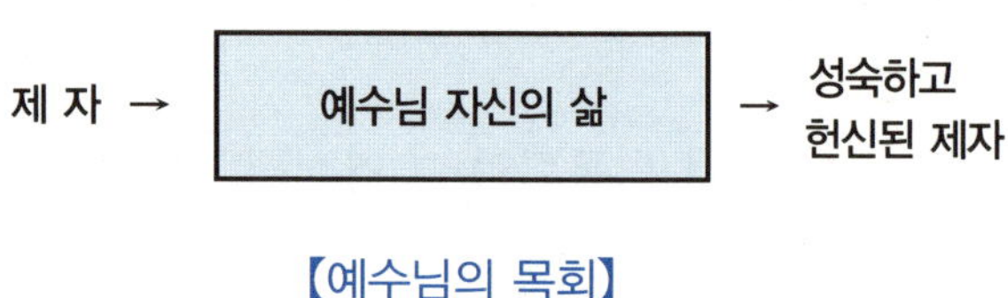

【예수님의 목회】

그런 측면에서 볼 때 나는 '실패한 목회자' 였다기보다는 '실수한 목회자' 였다. 나는 교회 성장과 성도들의 신앙 성숙을 위해 좋은 목회방법론과 자료들에는 관심을 가졌지만 신앙의 본을 보일 만한 사람을 키우는 일에는 무감각했다. 그러니 교인 숫자는 많아도 주를 위해 죽을 각오를 하는 헌신된 교인은 찾아보기 힘들었던 것이다.

명심하라. '중요한 것은 방법(HOW)이 아니라 사람(WHO)이다.' 사람이 변하지 않았는데 자꾸 이 방법, 저 방법 쓴다고 해서 잘될 리가 없다. 예수님은 절대로 제자들에게 방법(HOW)을 가르쳐 주시지 않았다. 다만 예수님 자신(WHO)을 보여줬을 뿐이다. 우리는 이러한 예수님의 목회방식에서 목회의 근본원리를 배워야 한다.

3) 참된 교회의 모델 밴드교회

삶을 보여주는 목회가 되기 위해 가장 요청되는 것이 무엇일까? 그것은 바로 교회가 가정이 되어야 한다는 것이다. 가정공동체가 아니고서는 삶을 함께 할 길이 없기 때문이다. 가정에서 자녀들은 부모를 닮아 성장한다. 이것은 부모들이 만든 특별한 프로그램이나 방법(HOW)에 의해 되는 것이 아니다. 매일매일 더불어 살다 보니 자연히 부모를 닮게 되는 것(WHO)이다.

교회에서 성도들을 성장시키는 원리도 이와 같다. 헌신된 영적 어른들이 갓 태어난 영적 아이들에게 자신의 삶을 보여주면 되는 것이다. 그러므로 교회는 영적으로 태어난 자(새신자)들을, 성숙한 어른(헌신된 교인)이 될 때까지 양육시키는 가정이 되어야 한다. 아이가 태어나면 젖을 주고, 기저귀를 갈아주다가 점점 성장함에 따라 걷기도 하고, 학교도 가고, 마침내 성숙한 어른이 되어 분가를 한다. 마찬가지로 교회도 영적으로 갓 태어난 교인이 성숙한 존재가 되기까지 양육하는 가정인 것이다.

그래서 바울은 교회와 그리스도와의 관계를 가정의 부부관계로 설명하였다(엡 5:22-32). 아내(교회)는 남편(그리스도)에게 복종해야 하고, 남편(그리스도)은 아내(교회)를 사랑하고, 양육하며, 보호하는 것이 한 몸 된 가정교회의 참 모습이라는 것이다. 바울은 말한다.

"아내들이여 자기 남편에게 복종하기를 주께 하듯 하라"(엡 5:22).

이 말씀만 떼어놓고 보면 마치 바울이 가정에 대한 가르침만 전하려고 하는 것처럼 보인다. 물론 여기에는 가정을 향한 바울의 가르침이 있다. 그러나 더 근본적으로 이 말씀에는 교회의 비밀에 대한 바울의 가르침이 담겨져 있다. 그 의도가 23절 말씀에서 드러난다.

"이는 남편이 아내의 머리 됨이 그리스도께서 교회의 머리 됨과 같음이니 그가 바로 몸의 구주시니라"(엡 5:23).

남편이 아내의 머리 됨과 같이 그리스도께서 교회의 머리가 되신다. 그 이유는 그리스도께서 한 몸 된 교회의 구주가 되시기 때문이다.

"그러므로 교회가 그리스도에게 하듯 아내들도 범사에 자기 남편에게 복종할지니라(엡 5:24).

그러므로 한 몸 된 교회, 즉 성도는 머리 되신 주님께 전심으로 순종하는 삶을 살아야 한다. 이것이 가정공동체를 이룬 교회가 가져야 할 가장 근본적인 자세이다.

"남편들아 아내 사랑하기를 그리스도께서 교회를 사랑하시고 그 교회를 위하여 자신을 주심 같이 하라"(엡 5:25).

바람직한 가정의 모습은 남편이 아내의 복종만 받는 것이 아니다. 남편 또한 아내를 위해 자신의 모든 것을 내어 주는 사랑의 수고가 있어야 한다. 예수님(남편)께서 교회(아내)를 사랑하신 지평은 십자가에서 자신의 생명까지 포기하는 사랑이었다. 예수님께서는 자신의 생명을 버리면서까지 하나님 앞에 '영광스러운 교회' 를 세우길 원하셨던 것이다.

"이는 곧 물로 씻어 말씀으로 깨끗하게 하사 거룩하게 하시고 자기 앞에 '영광스러운 교회' 로 세우사 티나 주름 잡힌 것이나 이런 것들이 없이 거룩하고 흠이 없게 하려 하심이라"(엡 5:26-27).

'영광스러운 교회', 이 교회는 모든 죄악을 물로 씻고, 말씀으로 정결케 되어서 하나의 티나 주름도 없이 거룩하고 흠이 없는 교회이다. 그러므로 영광스러운 교회 안에는 말씀으로 인한 인격적인 다듬어짐이 있고, 하나님 앞에 정결한 신부의 모습이 있다. 즉 말씀을 통해 거룩하게 성화되어 가는 곳이 교회인 것이다.

"이 비밀이 크도다 나는 **'그리스도와 교회'** 에 대하여 말하노라" (엡 5:32).

결국 바울이 말하려던 비밀은 **'그리스도와 교회'** 에 관한 것이었다. 주님과 하나 되는 운명공동체의 모습은 가정 교회가 이뤄질 때에만 가능한 것임을 바울은 강조한 것이다. 교회의 머리가 예수 그리스도가 되고, 몸 된 교회가 머리 되신 예수 그리스도의 말씀을 따라 그대로 행하는 건강한 가정공동체, 그것이 하나님께서 바라시는 가장 이상적인 교회의 모형이다. 이 세상에서 남편과 아내만큼 오랜 시간을 함께 하는 관계도 없을 것이다. 영적으로 교회공동체가 예수님과 그만큼 밀접한 관계 가운데 있어야 한다. 이런 교회가 되지 않고서는 음부의 세력을 이기지 못한다. 그래서 '교회는 가정 같은 곳이 아니라 가정' 이 되어야 한다.

이와 같이 불신자를 구원하여, 사랑과 말씀으로 양육함으로써 장성한 그리스도인을 만드는 영적 가정인 교회를 우리는 **'밴드 교회'** 라 부른다.

이러한 **'밴드교회의 모형은 바로 예수님의 목회 구조에 그 뿌리를 두고 있다'** 는 것을 알아야 한다. 예수님의 목회를 보면 그를 따라다녔던 부류가 네 부류인 것을 알 수 있다. '무리들', '제자들', '열두 제자', '세 제자' 가 바로 그것이다.

먼저 **'무리들'** 은 예수님이 보이시는 표적 때문에 예수님을 따랐던 자들이다(마 4:25). 그들은 복음이 아닌 육의 것을 해결해 주는 예수님을 좇은 것이다. 또한 **'제자들'** 은 예수님을 좇되 온전한 헌신 없이 예수님을 따른 자들이다. 즉 단순히 예수님을 믿는 자들을 일컫는 것이다(눅 6:12-13; 요 6:1-66). 이 '무리들'과 '제자들'은 영적으로 출산해야 할 선교적 영역에 있는 자들이다. 밴드목회에서는 '마을'과 '목장'이 이 영역에 속한다.

반면 **'열두 제자'**는 제자들 중에서 '사도'로 선택된 자들을 가리킨다. 그들은 예수님을 위해 삶을 바친 자들이다(눅 6:12-13). 그리고 **'세 제자(베드로, 야고보, 요한)'**는 한 마디로 '핵심제자 그룹'이라 할 수 있다. 예수님은 그들을 열두 제자의 리더뿐 아니라 후일 교회의 위대한 지도자가 되도록 훈련시키셨다. '열두 제자'와 '세 제자' 그룹은 예수님의 사역을 이어받아 그분의 사역을 대신했다. 이 영역이 바로 밴드목회에서는 '밴드'와 '디렉터' 그룹으로서 예수님의 형상을 닮기 위해 양육을 받는 자들이다.

이와 같은 예수님의 목회 조직이 웨슬리의 목회 조직에도 그대로 나타난다.

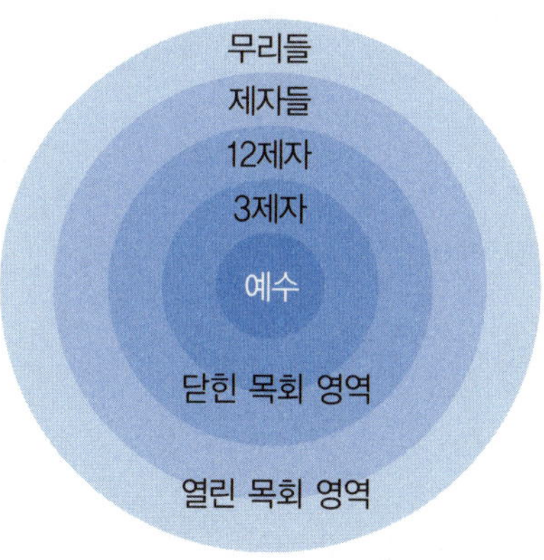

【예수님의 목회와 밴드목회 구조】

● **예수님의 열린 목회**

무리들 : 불신자와 세상적 욕망을 충족하기 위해 믿는 신자들

제자들 : 입술의 신앙고백은 있되 헌신이 없는 신자들

● **예수님의 닫힌 목회**

12제자 : 헌신된 신자들

3제자 : 헌신된 신자들을 이끄는 리더 그룹

3. 웨슬리의 목회 조직

밴드목회의 구조적 틀이 되는 웨슬리의 목회 조직을 살펴보면 다음과 같다.

1) 연합 신도회(Society)

웨슬리의 야외집회는 은혜와 능력의 현장이었다. 그의 설교를 들은 많은 사람들이 성령의 충만함을 입고 삶의 변화를 체험하였다. 1739년 이러한 감화를 입은 일단의 사람들이 웨슬리를 찾아와 함께 기도하고 고민을 나누기를 요청하였는데, 그들의 마음속에는 죄를 깨닫고 은혜를 갈망하는 마음이 가득했다. 웨슬리는 이들을 위하여 매주 모이는 한 날을 지정하였는데 이때부터 목요일 저녁은 이들에게 있어서 축복된 약속의 시간이 되었다. 웨슬리는 수시로 구성원들의 삶에 대해 적절한 권면과 기도로 모임을 이끌었으며, 그 결과 이 모임에 참여하고자 하는 사람이 점점 늘어났다. 이것이 곧 연합신도회의 시작이다.

이들은 대략 30명 정도로 구성되었는데, 권면의 말씀을 듣고, 사랑 가운데 서로 돌보고 기도하면서 서로가 구원을 이루는 것을 그 목적으로 하였다. 연합신도회에 가입하고자 하는 사람에게 주어지는 가입조건은 단 한 가지였는데 구원을 받고자 하는 열망을 가진 자라면 누구나 가입할 수 있었다. 즉 연합신도회는 예수를 영접했다고 하면서도 아직 구원의 확신이 없는 자들이 구원의 대열에 설 수 있도록 도와주는 모임이었다.

2) 속회(Class Meeting)

선교적 차원에서 열려 있는 공동체였던 각 신도회는 그 구성원들이 진정으로 구원을 이루어 가는지 더 쉽게 구별하기 위해 각 지역 단위별로 보다 작은 무리, 즉 속회라는 조직을 두었다. 각 속회는 10-12명 정도로 구성되었으며 그 중의 한 사람을 속장으로 선임하였다. 속장은 자신이 책임진 속도원들의 영혼이 어떻게 자라는가를 알아보기 위하여 최소한 1주일에 한 번씩 개별심방을 하여 적절한 충고와 권면, 위로와 책망 등을 해주어야 했다. 또한 1주일에 1회 목사를 만나 속도원들의 상황을 보고하였는데, 이때에는 책망을 들을 자, 질서를 해치는 자, 신앙의 덕이 되는 자를 보고하여 적절한 목회적 치리를 도왔으며, 재정부에 거둔 헌금을 전달하는 책임도 있었다.

속회는 연합신도회에 비하여 그 역할이나 목적이 보다 구체성을 띠었는데, 근본적인 역할은 주로 '신앙의 성장'이나 '친교'를 위한 역할이었다. 부연하자면 속회는 철저하게 헌신된 속장을 중심으로 교육(가르침)보다는 돌봄이 주임무였다. 이외에도 속회는 모일 때마다 가난한 자들을 위한 구제헌금을 모금하였다.

3) 신도반(BAND)

연합신도회와 속회가 성숙한 지도자를 중심으로 초신자들과 헌신된 성도들이 함께 모여 구원의 확신을 심어주기 위한 모임이었다면, 신도반은 선발신도반과 더불어 믿는 자들을 더욱 성숙하고 헌신된 자로 훈련시키기 위한 모임이었다.

웨슬리는 속회원들 가운데에서 좀더 친밀한 교제와 철저한 신앙인으로 헌신되기를 사모하는 사람들을 중심으로 '신도반' 즉 '밴드(BAND)' 를 조직하였다. 보통 2-3개의 속회에서 하나의 신도반(BAND)이 형성되었고, 속회원들 가운데 약 20%가 이에 속하였다. 이들은 대개 비슷한 나이와 당면과제들을 가진 사람들끼리 구성되었다. 예컨대 기혼 남자밴드와 미혼 남자밴드는 수요일 저녁에, 기혼 여자밴드와 미혼 여자밴드는 주일 저녁에 각각 모이고, 3개월에 한 번씩은 합동모임을 가지는 등의 방식이었다.

이들은 '규칙주의자들(Methodist)'이라는 그들의 별명에 어울리게 그들 나름의 규칙에 철저하였다. 웨슬리는 야고보서 5장 16절의 "그러므로 너희 죄를 서로 고백하며 병이 낫기를 위하여 서로 기도하라 의인의 간구는 역사하는 힘이 큼이니라"라는 말씀에 근거하여 1738년 12월에 신도반 모임의 규칙을 만들었는데 그 규칙은 다음과 같다.

신도반(BAND) 규칙

1) 주 1회 모인다.
2) 시간이 되면 한 사람이 모였어도 시작하는 것을 원칙으로 한다(시간 엄수, 약속 철저).
3) 노래와 기도로 시작한다.
4) 각자 순서대로 지난 모임 이후의 자기 영혼의 모습에 대해 자유롭게 말하되 생각, 말, 행위로 범한 과오와 자신이 받았던 죄의 유혹을 함께 이야기한다.
5) 신도반 리더가 먼저 말하고 다른 사람이 탐색 질문을 한다. 그리고 돌아가며 이야기한다. 어떤 사람이 먼저 이야기 하고 싶으면 이야기하게 하고, 다른 사람들은 가급적 많은 질문을 하여 그의 상태, 죄의 유혹들에 대해 물어보도록 한다.
6) 참석자에게 맞는 적합한 기도로서 폐회한다.

신도반의 규칙을 보면 개인의 영적인 상태를 고백하는 것이 특징임을 알 수 있다. 또한 약속한 시간에 정확히 시작함으로써 철저한 시간을 지키는 훈련을 하였고, 나태하거나 부족한 부분을 위해 서로 기도하고 나눔으로써 개인의 영적인 상태를 점검하고 거기에 알맞은 처방들을 내리게 하였다.

웨슬리의 신도반(밴드)은 철저히 회심한 자들을 영적으로 성장시키는 데 도움을 주고자 한 모임이기 때문에 구성 멤버들은 구원에 대한 확신이 있는 자들로 제한되었다. 신도반 멤버들은 하나님의 사랑을 체험했어야 했고, 서로에게 개방된 태도를 지님으로써 자신의 잘못이나 죄에 대하여 철저한 성찰이 있어야 했으며, 다른 이로부터 주어지는 모든 염려와 비판도 받아야 했다. 이렇게 엄격한 가입 조건 때문에 웨슬리는 감리회의 핵심 회원들을 만들어 낼 수가 있었다. 따라서 철저한 자신의 희생과 결단이 없이는 결코 신도반에 참여할 수 없었고, 이런 강한 훈련이 성숙한 교인을 길러내는 장이 되었다.

4) 선발 신도반(Select Society)

웨슬리는 신도반(BAND) 구성원들 중에서도 더욱 믿음과 행실에 모범을 보인 자들, 즉 내적인 성결과 외적인 성결을 이루는 데 있어서 뚜렷한 발전을 보인 자들로 선발 신도반(Select

Society)을 구성하였다. 선발 신도반 모임을 통해 웨슬리는 4가지를 의도했다.

첫째, 웨슬리는 이 모임을 통해 기독자의 완전(Christian Perfection)을 위해 나아가고자 했고,

둘째, 그들이 받은 은사를 훈련하도록 했으며,

셋째, 그들이 피차 더욱 사랑하고, 서로 돌보도록 하며, 모든 경우에 있어서 웨슬리 자신의 흉금을 거리낌 없이 터놓을 수 있는 무리를 갖고자 했으며(목회자와 생명을 나누는 그룹),

넷째, 그들에게 사랑, 순결, 선행의 모범을 제시해서 그들의 형제자매들에게 실천하도록 하는 데 그 의도가 있었다.

한마디로 선발 신도반은 주를 위해 죽을 각오를 한 사람들로 구성된 웨슬리의 영적인 가족들이었다.

선발 신도반은 각자 마음에 품은 스스로의 규율에 따라 운영되었고, 단 3가지만이 운영규칙 사항으로 되어 있었다. 그 규칙은 다음과 같다.

첫째, 이 모임에서 한 이야기는 절대로 다시 재론하지 않는다(비밀 준수).

둘째, 모든 구성원들은 사소한 일까지 목사에게 갖고 나와 의논하고 털어 놓는다.

셋째, 생활을 절약하여 매주 모은 것을 가지고 와서 구제 사업

을 하고, 모든 물건을 공동으로 소유하게 되기까지 공동으로 쓰려고 모아둔 재산을 일주일에 한 번씩 바친다. 모두가 동등한 의견 발언권이 있으며, 목사라고 발언권이 높은 것이 아니다.

5) 참회자반(Penitents)

웨슬리는 믿음의 형편에 따라 적절하게 조직을 구성해 나갔고, 대부분이 믿음 안에서 하나가 되어 신앙생활을 잘하였다. 그러나 몇몇 타락한 사람(고의적 타락, 습관적 타락)도 있었다. 이런 사람에게는 속회, 신도반식으로는 별 효과가 없음을 웨슬리는 알고 그들을 따로 모아 그 사람들의 처지에 맞는 교훈과 충고를 해주었다. 이 모임이 '참회자반' 이다. 참회자반은 매주 토요일 저녁에 모였고, 형편에 따라 분리되어 운영되었다.

참회자반에서 사용되는 찬송과 기도는 그들 처지에 맞게 개작하여 운용하였고, 하나님의 엄중한 경고와 약속을 동시에 전해주며, 그들을 대신하여 하나님께 부르짖음으로써, 저들을 영혼의 목자와 감독자 되신 하나님에게로 돌아오도록 하는 데 그 목적을 두었다.

4. 밴드목회란 무엇인가?

예수마을교회가 추구하고자 하는 밴드목회는 한 마디로 이런 것이다. 예수님의 목회방식에 그 뿌리를 두고(무리들, 제자들, 12제자, 3제자), 웨슬리의 조직과 틀을 가져와 21세기 한국 교회의 실정에 맞게 '갱신'하고 '수정'하여 '적용'하려는 것이 밴드목회이다.

1) 밴드는 '묶는 것' 이다

밴드가 뭐냐고 묻는다면 한 마디로 '묶는 것' 이라 하겠다. 웨슬리는 성도들의 신앙상태에 따라 묶어 주는 일을 했다. 연합신도회와 속회는 초신자와 헌신된 신자를 함께 묶어 구원의 확신이 있는 신자들로 하여금 초신자들이 구원을 이루는 것을 돕게 했다. 반면 신도반(BAND)과 선발 신도반은 구원의 확신이 있는 신자끼리만 묶어서 그리스도의 완전에 이르도록 훈련하는 것을 목적으로 했다. 이런 묶음 때문에 웨슬리와 그의 후예들은 영국뿐 아니라 전 세계를 복음화시키는 초석이 될 수 있었다.

나는 웨슬리의 목회 조직을 원용하여 우리 교회에 적용했다. 그래서 '연합 신도회' 와 '속회' 를 각각 '마을' 과 '목장' 이라 이름 붙였고, 이를 '열린 목회 영역' 이라 했다. 이 열린 영역은 세상을 향해 열려진 공동체로 비기독교인들과 아직 구원의 확신이 없는 교인들을 사랑과 돌봄을 통해 구원에 이르게 하는 것이 목적이다. 여기서 핵심적인 조직은 **'목장'** 이며, 목장이 여러 개 모인 것이 **'마을'** 이다.

'신도반(BAND)' 과 '선발 신도반' 은 각각 '밴드' 와 '디렉터' 로 이름 붙였고, 이를 '닫힌 목회영역' 이라 하였다. 이 닫힌 영역은 믿는 자들만의 모임으로서 구성원들을 철저한 헌신자로 길러내어 교회 각 분야의 사역자가 되게 할 뿐 아니라, 세상과 목장에 파송하여 구원의 확신이 없는 자들을 구원에 이르도록 돕는 역할을 하게 한다. 이 영역의 핵심적인 조직은 바로 **'밴드'** 다. 결국 밴드는 양육의 장소이며 성숙한 가정공동체라 할 수 있다. **'디렉터'** 는 밴드원 중에서 예수님의 세 제자와 같이 핵심제자그룹으로서 마을을 이끄는 평신도 지도자를 말한다.

이상과 같이 예수마을교회의 목회 조직의 핵심에는 밴드와 목장이 있다. 이 두 조직을 통하여 양육과 출산을 적절히 해나가는 것이다.

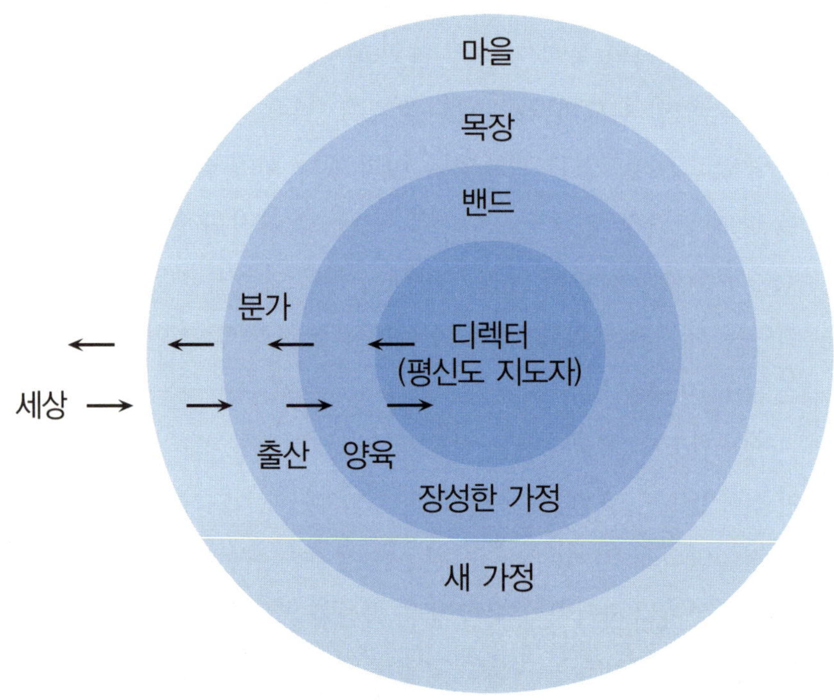

【예수마을교회 목회 조직】

예수님	웨슬리 조직	예수마을 교회 조직	구성인원	대상자	목적	성격
무리들	연합신도회 (Society)	마을	10개 내외의 목장을 마을로	불신자, 신자 헌신된 성도 포함	구원을 이루는 것을 도움	불신자와 초신자들이 함께하는 세상을 향해 열린 모임. 선교적 성격. 교육보다는 돌봄이 우선.
제자들	속회 (Class Meeting)	목장	10-15명 정도	상동	상동	상동
12제자	신도반 (Band)	밴드	약 6-8명 정도	구원의 확신이 있는 성숙한 성도들로만 구성	하나님의 가족 형성. 평신도 지도자를 길러냄.	믿는 자들만의 닫힌 모임. 철저한 양육 우선.
3제자	선발 신도반 (Select Society)	디렉터	-	주를 위해 목숨까지 바칠 각오가 되어 있는 헌신된 성도들로만 구성	마을을 지도하고 밴드를 담당함	목회의 동역자

【예수마을교회 목회 조직 설명 도표】

2) 밴드는 성숙한 가정교회이다

밴드는 한 마디로 '성숙한 가정교회' 이다. 목장이 영적인 부모와 어린이와 불신자(태아)까지 함께 있는 새 가정이라면, 밴드는 이미 성장하여 분가할 준비를 하고 있는 영적 청년들과 부모로만 구성된 장성한 가정이라 할 수 있다. 이처럼 장성한 가정인 밴드는 6-8명으로 구성되어 밴드리더(Band Leader, 영적 부모)의 지도 아래 예배, 제자훈련, 교제, 봉사 등 교회가 하는 모든 사역의 중심에 위치한다. 부연하자면 밴드는 선교와 전도, 교육과 친교, 봉사와 나눔의 역할 중 한 가지 기능만 담당하는 것이 아니라, 그 모든 일의 중추적인 역할을 감당하는 또 하나의 작은 교회라는 것이다. 이것이 웨슬리가 말한 '교회 속의 교회(ecclesiola in ecclesia)' 의 전형이고, 예수마을교회라는 큰 가정 속의 가정(family in family)이라 말할 수 있다.

초대교회도 바로 이러한 밴드교회 형태였다. 초대 예루살렘 교회는 수천 명의 성도들이 성전에서 모이는 동시에 또한 작은 단위로 집에서도 모이는 가정교회였다(행 2:46). 작은 단위의 가정교회에서는 하나님을 찬미하는 '예배' 와 서로의 것을 나눠주는 '봉사' 와 '친교' , 그리고 구원받는 사람이 늘어나게 하는 '선교' 등 교회로서의 역할을 훌륭하게 감당했다(행 2:44-47).

초대교회 때는 지금처럼 한 도시에 여러 개의 교회가 있는 것이 아니라 한 도시에 하나의 교회밖에 없었던 것으로 보인다. 그리고 그 안에는 수많은 가정교회들이 존재하고 있었던 것이다. 즉 로마에는 로마교회가 있고, 그 안에 브리스길라와 아굴라 부부가 지도하고 있던 가정교회(롬 16:5)가 있었고, 아순그리도와 다른 리더들을 중심으로 한 가정교회(롬 16:14), 빌롤로그와 다른 리더들을 중심으로 한 가정교회(롬 16:15) 등이 있었다.

바로 이러한 교회의 구조가 환난과 핍박 가운데서도 초대교회가 부흥할 수 있었던 근원적인 힘이 되었다. 이러한 가정교회의 모형이 바로 밴드교회인 것이다.

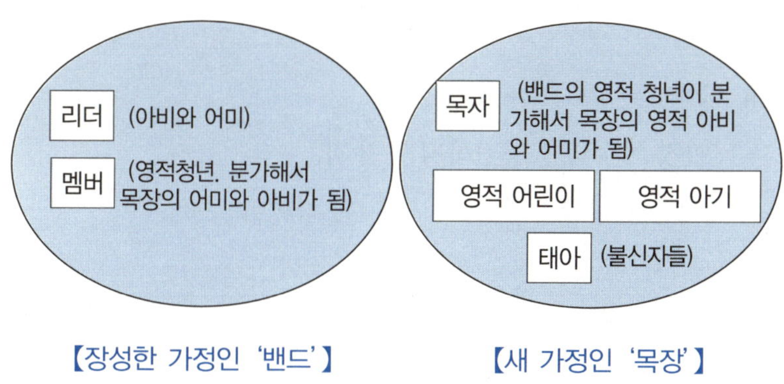

【장성한 가정인 '밴드'】 【새 가정인 '목장'】

◈ **밴드 리더**

: 밴드의 인도자로서 예수님을 영접한 후 밴드성서대학의 모든 단계를 거치고 신앙 훈련과 연단을 통해 인격적으로나 사역적으로 성숙한 자.

◈ **밴드 멤버**

: 하나님의 말씀 안에 거하여 흉악한 자, 악한 자를 이길 수 있는 영적인 힘을 갖춘 자. 목장의 어미와 아비로 분가해

나갈 준비가 된 자.

◈ **영적 아이와 아기들**

: 예수님을 막 영접했거나, 영접했으면서도 신앙의 성장이 없는 자.

◈ **태아**

: 아직 예수님을 영접하지 못한 자.

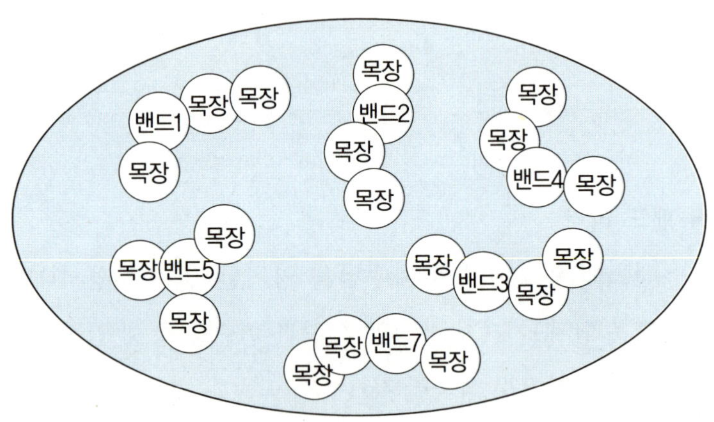

【예수마을교회(큰 가정)의 밴드(장성한 가정)와 목장(새 가정)의 구조】

3) 밴드의 확장 원리

자녀가 결혼 적령기가 되면 분가시켜 새로운 가정을 형성하듯, 밴드에서 양육받은 밴드원들은 준비가 되면 영적인 부모가 되어 목장의 어미와 아비로 파송(분가)되어 새로운 가정을 형성한다. 새 가정의 영적 부모가 된 밴드 멤버들은 불신자들(태아)과 아직 구원의 확신이 없는 교인들(영적 아이, 영적 어린이)로 하여금 믿음을 갖게 하고, 구원의 확신을 갖게 된 자들은 밴드성서대학에 보내어 영적 청년으로 성장시킨다. 이렇게 영적 청년으로 성장하게 되면 장성한 가정인 밴드의 멤버가 되고, 그곳에서 새로운 가정을 꾸릴 수 있는 예비 어미와 아비로 훈련받게 된다. 이러한 원리 속에서 밴드가 계속해서 확장돼 나가는 것이다[밴드(BAND) → 목장 → 밴드(BAND) → 목장].

사도 바울도 제자 디모데를 이런 식으로 양육했다. 디모데는 '많은 증인 앞에서' 바울에게 훈련을 받았고, 그 다음 자신이 '다른 충성된 사람들' 을 택하여 양육하였으며, 디모데에게 훈련받은 사람들은 똑같이 '다른 사람들' 을 양육하였다.

"또 네가 많은 증인 앞에서 내게 들은 바를 **충성된 사람들**(BAND)에게 부탁하라 그들이 또 **다른 사람들**(목장)을 가르칠 수 있으리라"(딤후 2:2).

그러므로 밴드가 확장될수록 목장이 늘어나고, 또한 목장이 부흥할수록 밴드원이 많아지는 선순환이 일어나게 된다.

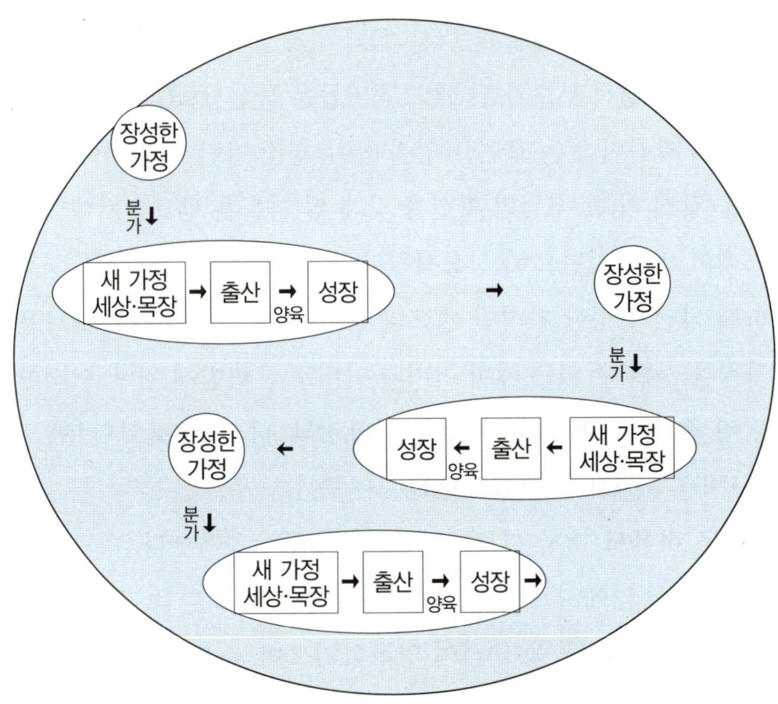

【밴드의 확장】

5. 기존 교회를 밴드교회로

나는 요한복음 6장 38-40절에 근거하여 교회의 목적을 크게 두 가지라 했다. 하나는 하나님의 아들 예수 그리스도를 믿는 자마다 영생을 얻게 하는 것(출산)이고, 또 하나는 하나님께서 맡겨 주신 자를 하나도 잃지 않는 것(양육)이다. 다시 한 번 설명하자면 밴드목회에서 목장은 영적 생명이 없는 자로 하여금 구원의 확신을 갖게 하는 출산을 주목적으로 삼고, 밴드는 성숙한 그리스도인을 만드는 양육을 주목적으로 삼는다. 이것을 간단하게 도표로 나타내면 다음과 같다.

교회의 목적	하나님의 아들 예수를 보고 믿는 자마다 영생을 얻게 하는 것	하나님께서 맡긴 자를 하나도 잃지 않는 것
가정교회	새 가정 - 출산이 주목적	장성한 가정 - 양육이 주목적
밴드 구조	마을, 목장	밴드, 디렉터
예수님의 목회	무리들, 제자들	12제자, 3제자

그렇다면 교회의 목적을 이루는 목회가 되기 위해 가장 먼저 해야 할 일이 무엇일까? 바로 장성한 가정인 밴드를 형성하는 것이다. 장성한 영적 어미와 아비가 없이는 영혼을 출산하고 양육할 수 없기 때문이다. 그러한 이해에 기반하여 나는 기성교회를 밴드교회로 전환하는 데 **4단계 계획**을 잡았다.

1단계는 먼저 핵심이 될 만한 사람들을 선발하여 집중적으로 교회관과 가치관 그리고 공동체의 삶에 대한 교육을 시키고, MD 사역(새신자 정착 사역)을 할 수 있도록 훈련시킨다. 이때 선발된 사람들은 교회 전체를 이끌어 나갈 선도그룹이므로 '파일럿 그룹(pilot group)' 이라 명한다. 이와 함께 전교인을 대상으로 설교와 수련회 혹은 특별새벽기도회를 통해 밴드에 대한 소개와 밴드목회의 필요성을 강조하면서 전반적인 분위기를 형성시켜 나간다.

2단계는 훈련받은 사람들을 중심으로 준밴드를 형성하여 밴드원이 되기 위한 영성 훈련을 받게 한다. 준밴드의 리더는 교역자가 맡는다. 이와 함께 교회 구성원에 대한 구조조정을 실시하여 목장을 개편하고 준밴드원들로 하여금 각 목장의 리더(목자)를 맡긴다. 또한 밴드성서대학을 설립하여 목장 내에서 리더의 뒤를 따라 헌신자 그룹에 갈 만한 가능성이 있는 교인(제2그룹)을 선발하여 1단계에서 파일럿 그룹이 받았던 교육을 받게 한다. 그리고 파일럿 그룹은 중급과정 교육을 받게 하여 정식 밴드원이 될 준비를 하게 한다.

3단계는 준밴드가 정식 밴드가 되고 밴드의 리더는 계속해서 교역자가 담당한다. 그리고 1단계 교육을 마친 그룹은 계속해서 2단계 교육을 받는다. 물론 1단계 교육에는 또 다른 새로운 영혼들이 교육을 시작하게 한다.

4단계에 이르면 처음 교육 받았던 파일럿 그룹이 밴드 리더가 되고, 2단계 교육을 마친 이들이 밴드원이 된다. 이와 같은 과정을 통하여 전체적으로 밴드가 안착하게 되는 것이다.

단계	계 획
1단계	1. 핵심 멤버(pilot group)의 선발과 훈련 교회론, 가치관, 공동체적 삶을 중심으로 교육. MD교육을 받게 하여 사역하게 함(새신자 사역을 통해 돌봄에 대한 훈련 강화 목적). 2. 밴드목회를 위한 분위기 형성 전교인을 대상으로 설교와 수련회, 성경공부 등을 통해 밴드에 대해 소개하고 밴드목회의 필요성에 대해 강조하며 분위기를 형성해 나간다. 3. 밴드성서대학 운영계획 밴드성서대학의 운영계획안을 만들어 교인들에게 주지시킨다.
2단계	1. 준밴드 형성하기 핵심 멤버(pilot group)를 중심으로 가입서약서를 받고 준밴드를 형성한다. 이 때 준밴드의 리더는 교역자가 된다. 준밴드원이 된 파일럿 그룹은 밴드성서 대학의 중급 과정을 통해 정식 밴드원이 될 수 있도록 교육받고, 제2그룹을 선발하여 파일럿 그룹이 받았던 1차 교육을 받게 한다. 2. 밴드성서대학 설립 맨 처음 파일럿 그룹을 가르쳤던 과정을 초급 과정으로 하고 계속해서 중급 과정을 개설한다. 3. 목장 편성하기 구조조정표에 입각하여 목장을 나누고 준밴드원을 파송하여 목장을 운영, 관리하는 리더가 되게 한다.
3단계	밴드 형성하기 정식 밴드가 발족되며, 리더는 계속해서 교역자가 맡는다. 밴드성서대학 고급과정을 개설하여 파일럿 그룹이 밴드리더가 될 수 있도록 교육한다.
4단계	밴드와 목장의 분가 파일럿 그룹이 밴드 리더가 되고, 2단계 교육을 마친 이들이 밴드원이 된다.

【밴드목회 실행을 위한 4단계 매뉴얼】

도표에서 보듯이 2단계까지는 아직 밴드가 형성되어 있지 않은 상태다. 따라서 본격적으로 밴드목회를 시작한 것은 아니다. 다만 밴드목회를 하기 위한 토양화 작업을 하는 것이라 볼 수 있다.

3단계에 들어서서 밴드가 형성되면 본격적으로 밴드목회가 시작된다. 하지만 밴드원들의 사역이 2단계에서부터 점차적으로 시작되기 때문에 2단계를 잘 형성하면 3단계로는 무리 없이 넘어가게 돼 있다. 명심할 것은 2단계가 잘 진행되기 위해서는 무엇보다 파일럿 그룹의 선정과 교육이 매우 중요한데 담임목회자는 이들과 확실한 관계성을 형성해 두어야 한다. 첫 번째 파일럿 그룹의 선정과 교육이 전체 밴드목회 뿌리내리기의 성패를 좌우한다고 해도 과언이 아니기 때문이다.

그럼 지금부터 각 단계별로 진행해야 할 세부적인 사항들을 설명해보도록 하겠다.

1) 1단계

(1) 핵심멤버의 선발과 교육

교회에서 담임목사가 판단하기에 지도자적 자질이 있고 신앙생활에 열정이 있는 핵심 멤버를 선발하여 그들에게 집중적으로 교육을 실시한다. 여기서는 구원의 확신과 구원받은 자의 가치관에 대해 주로 교육한다. 영적인 가치관의 변화 없이는 진정한 주님의 공동체를 이룰 수 없기 때문이다. 핵심 멤버에 대한 1단계 교육은 밴드성서대학의 1단계 교재인 《진짜 그리스도인》, 《생명 있는 그리스도인》, 《새신자를 100% 정착시켜라》를 교육시키도록 한다. 이를 통해 구원관과 교회관을 철저하게 확립시키고, 가치관이 확실히 변화되게 하며, 담임목사와 깊은 유대관계를 맺을 수 있도록 한다. 이 교육은 다음 단계 때 밴드성서대학이 정식으로 설립되면 초급과정에 두도록 한다.

《진짜 그리스도인》

밴드성서대학 교육과정의 첫 번째 교재인 《진짜 그리스도인》은 성도들을 세상 중심적인 가치관에서 하나님 중심의 가치관으로 변화시키는 데 있어 핵심이 되는 중요한 교재이다.

오늘날 한국 교회는 교인의 숫자는 많지만 그리스도인이라는 분명한 정체성과 하나님 중심의 가치관을 가진 '진짜 그리스도인' 은 거의 찾아볼 수 없는 지경이 되었다. 지극히 세상적인 가치관을 가지고 살면서도 자신이 하나님을 잘 믿는 그리스도인이라고 생각하는 것이다. 그들은 자신이 어떻게 구원을 받았으며, 또한 구원받은 성도의 삶이 어떠해야 하는가에 대한 분명한 인식도 없이 그저 교회 건물만 왔다갔다 한다. 그들은 겉모습으로만 교회를 다닐 뿐, 생각과 삶의 터전은 여전히 세상에 있는 것이다. 이런 자들은 '기독교적 종교인' 은 될 수 있을지 모르나 '진짜 그리스도인' 은 아니다.

그런데 더욱더 가슴 아픈 사실은 그들이 진정한 복음의 진리를 몰라서 그 자리에 있다는 것이다. 제대로 가르쳐 주고, 바르게 이끌면 분명히 참된 그리스도인의 길을 걸어갈 수 있는데도 불구하고, 바른 가르침을 받지 못해서 그렇게 살아가고 있다. 그들은 오히려 참된 생명과 진리의 말씀에 목말라하고 있는 영혼들인 것이다.

그런 이들을 참된 생명의 자리로 이끌고 나아오는 것이 《진짜 그리스도인》 교육을 통해 이루고자 하는 목표이다. '기독교적 종교인' 의 자리에 머물고 있는 그들을 '진짜 그리스도인' 이 되게 함으로써 사랑의 공동체를 세워가는 것, 그것이 하나님의 뜻이요, 교회의 참된 모습이다.

그러한 이해에 기반하여 《진짜 그리스도인》의 내용을 간략히 소개하자면 1-2강은 '그리스도인의 가치관' 에 대해 말하고 있고, 3-4강은 '구원론' 을, 5-8강은 구원받은 자들이 이뤄야 할 '한 몸 된 공동체인 가정교회' 에 대해, 8-10강은 구원받은 자가 걸어가야 할 '성화론' 을, 그리고 11강은 성도로서 감당해야 할 '사역론' 을 담고 있다.

《진짜 그리스도인》을 교육할 때 반드시 기억해야 할 것은 이 교재는 단순히 강의만 해서는 안 된다는 것이다. 이 교육을 할 때 무엇보다 중요한 것은 '삶의 점검'이다. 매 강의를 시작하기에 앞서 지난주에 배운 말씀대로 살아온 흔적에 대한 간증 나눔의 시간이 꼭 있어야 한다. 다년간의 경험상 많은 효과가 있었음을 자신 있게 말할 수 있다. 아마도 여러 교인들의 감격적인 간증을 듣게 될 것이다. 또한 강의 후에는 반드시 질문과 토의 시간을 통해 한 주간 동안 배운 말씀을 어떻게 삶에 적용할 것인가에 대해 생각하는 시간을 갖도록 한다.

이 과정을 잘 마치게 되면 성도들이 세상 중심적인 가치관에서 하나님 중심적인 가치관으로 확실히 변화되어 있는 것을 보게 될 것이다. 밴드목회의 토대를 잘 세우기 위해서는 무엇보다 이 교재를 심혈을 기울여 가르쳐야 한다.

《생명 있는 그리스도인》

《생명 있는 그리스도인》은 요한복음 1-12장 말씀에 기초하여 구성되어 있다. 이 교재의 핵심 내용을 간략히 설명하자면, 어둠의 자리에서 벗어나 '생명 가진 그리스도인'이 되어 교회를 통해 '사랑의 공동체'를 이뤄 가라는 것이다. 바로 이것이 밴드교회가 추구하는 이상이다.

이 교재가 두 번째 교육과정인 이유는 진짜 그리스도인으로 변화된 성도가 이제 주님의 말씀 안에서 생명력 있는 그리스도인이 되어 건강한 주님의 공동체를 세우고, 이 땅에 생명의 복음을 나누는 자가 되라는 의미에서이다.

《생명 있는 그리스도인》의 본문이 되는 요한복음은 예수님께서 이 땅에 오신 목적을 담고 있다. 그 목적은 예수 그리스도를 통하여 모든 백성들이 '생명'(영생)을 얻는 데 있다. 이 생명을 예수님께서는 값없이 주셨다. 그러나 값없이 주신 생명을 얻는 자가 되기 위해서는 세상이 추구하는 것들, 즉 물질과 명예, 형식과 제도 등을 모두 버려야만 했다. 때문에 요한은 자신의 지위를 잃지 않으려고 형식과 제도에 얽매여 생명 없는 자리에 있는 유대인들을 향해 "생명 있는 그리스도인이 되라!"고 외쳤던 것이다. 또한 예수님을 향한 믿음은 가졌으나 세상이 두려워 그 이름을 고백하지 못하는 이들을 향해 '생명을 걸고' 그리스도를 구주로 고백하여 '참 생명을 얻을 것'을 명하고 있다.

요한복음이 기록된 배경을 간략히 살펴보면 이렇다. 교회가 생긴 지 60여 년(약 AD 90년 경)이 지나면서 믿음, 구원, 은혜, 영생, 죄 등에 대한 교리적인 지식은 있으나 능력을 모르는 신앙인들이 넘쳐났다. 또한 그리스도인이라고 하는 자들 중에 유대교 안에서 몰래 예수를 믿으려다 어려움이 오게 되면 불신자같이 행동하는 이들도 많았다. 그 이유는 예수를 구주로 고백하는 자들은 유대 공동체로부터 가차없이 '출교'를 시켰기 때문이다. 출교를 당한다는 것은 말 그대로 '사회적인 죽음'을 의미했다. 일단 출교를 당하게 되면 사회 · 경제적인 제재는 물론, 죽음의 위협까지 당해야만 했기 때문이다. 그래서 예수님을 믿는다고 하는 자들이 겉으로는 안 믿는 척하며 살았던 것이다.

그런 가식된 모습을 바라보며 요한은 생명 없는 어두움의 자리가 아닌 빛을 드러내는 그리스도인의 자리로 나올 것을 강력하게 요청했던 것이다. 비공개적 그리스도인이 되어 자신의 안위와 명예, 물질적인 소욕만을 좇지 말고, 그 모든 것을 다 잃는다 할지라도 공개적인 그리스도인이 되어 하나님으로부터 오는 생명을 얻는 자가 되길 바란 것이다.

핵심 멤버들이 이 공부를 하면서 예수님과 인격적인 만남을 경험함으로써 당당하게 그리스도인의 정체성을 가지고 세상을 향해 나아갈 수 있는 믿음의 군사가 되도록 교육해야 한다. 그리하여 주님을 위해 자신의 생명까지도 걸 수 있는 그리스도인으로 변화되는 것이 목표이다.

《새신자를 100% 정착시켜라》

1단계 교육을 마무리하는 단계에 이르러 MD사역을 할 수 있도록 《새신자를 100% 정착시켜라》를 교육시키도록 한다. MD사역은 앞에서도 설명했듯이 새신자를 교회에 정착시키기 위한 사역이다.

밴드목회의 특징을 하나 들라면 그것은 '목회의 통합적 모델'이라고 말하고 싶다. 무슨 말인고 하니 단순히 소그룹 운동을 하자는 것이 아니라 교회의 모든 정신과 조직, 프로그램이 하나의 유기체적 조합을 이룬다는 뜻이다. 한 명의 새신자가 교회에 들어오면 그가 정착하고, 성장하여, 성숙한 그리스도인이 될 때까지 교회의 모든 조직이 하나가 되어 움직이게 되는데 이것이 바로 목회 통합적이라는 말의 실질적 의미이다.

MD사역은 무엇보다 그리스도인이 성숙해지기 위해 거쳐야 할 필수적인 코스이다. 여기에는 두 가지 측면이 있다. 첫째는, MD 사역의 대상이 되는 **'새신자'** 이다. 새신자는 교회에 들어오면 우선 MD 사역자와 만나게 된다. 그의 안내와 보살핌을 통해 새신자가 교회에 정착하게 되는데 그 과정에서 목장과 연결된다. 목장은 새신자가 교회에 안착할 가정이기에 목장과의 연결이 MD 사역자의 목표가 된다. 만약 이것이 원활하게 이뤄지지 않으면 새신자의 정착률이 급격하게 떨어진다. 그것은 마치 어린아이가 태어나기 위해 온갖 노력을 다한 후에 정작 아기가 태어난 후에는 돌보지 않는 것과 같은 이치다.

이제 막 그리스도 안에서 새 생명으로 거듭난 새신자는 목장이라는 가정을 통해서 더욱 사랑받고, 보살핌을 받아야 한다. 목자와 목원들의 사랑을 통해 목장에 안착한 새신자는 이제 밴드성서대학에 입학하게 된다. 자식의 교육은 가정에서만 이루어질 수 없고, 학교라는 공공교육기관을 통해 양육되듯이 새신자도 밴드성서대학에 입학하여 체계적인 신앙 교육을 받고 영적으로 성장하게 된다. 밴드성서대학의 과정을 거치면서 점차 세례도 받게 되고, 밴드원이 될 자격도 주어진다. 이와 같이 MD사역은 하나로 떨어져 있는 새신자 정착 프로그램이 아니라 새신자가 정착하고 성숙될 수 있는 모든 과정에 속해 있는 유기체적 사역의 일부분인 것이다.

MD사역이 가지는 또 다른 측면은 **'사역자'** 에게 있다. MD사역은 사역자에게 양육과 돌봄의 기초적인 훈련을 제공한다. 그들은 한 사람의 새 신자를 섬기면서 그리스도의 마음을 배우게 되고, 그리스도의 마음으로 영혼을 품게 된다. 즉 말씀을 이론으로만 배우는 것이 아니라 사역 현장에서 직접 체험하게 되는 것이다. 이를 통해 MD 사역자들은 훗날 목자감으로 성장하게 된다. 실제로 예수마을교회 목자들은 모두 MD사역을 통해 훈련 받고 성장한 이들이다. 결국 MD사역은 목장의 예비 지도자를 훈련하는 가장 훌륭한 현장이며, 밴드원을 길러내는 요람인 것이다.

(2) 전교인에 대한 밴드목회 분위기 형성

첫 번째 단계에서 기존 교회 교인들의 의식을 변화시키는 것은 아주 중요한 토양화 작업이다. 이를 위해 담임목사는 설교와 더불어 특별새벽기도회, 전교인 수련회, 임원회 등 가능한 한 모든 때와 장소에서 밴드에 대해 가르쳐야 한다.

다음은 밴드의 중요성에 대해 설교한 내용의 일부이다.

골로새서 1장 24-29절을 보면 교회는 그리스도의 몸이라 했습니다. 그리스도의 몸인 교회 안에서 성도가 감당해야 할 역할은 "그리스도를 전파하고, 권하고, 가르쳐서 각 사람을 그리스도 안에서 온전한 사람으로 만드는 것"입니다(골 1:28). 이것은 대규모 모임이나 집회를 통해서는 절대로 할 수 없는 일입니다. 이는 마치 어린아이들 수십 명, 수백 명, 수천 명을 놓고 어른 하나가 가르치는 것과 같습니다. 그런 식으로는 절대로 각 사람을 그리스도 안에서 온전한 사람으로 만들 수 없습니다. 각 사람을 돌보고, 책임지고, 가르칠 수가 없기 때문입니다.

그러므로 교회는 가정공동체와 같은 작은 공동체를 이루고 밴드를 통해 훈련받은 리더들이 목장의 영혼들을 책임지는 모습으로 변화되지 않으면 안 됩니다. 다시 말해 교회에는 사랑으로 하나 된 가정공동체를 세워나갈 밴드가 있어야 한다는 것입니다.

이러한 설교를 통해 교인들은 계속해서 밴드에 대해 듣게 되며, 건강한 교회를 이루기 위해서는 밴드가 있어야 한다는 생각을 어렴풋이 갖게 된다.

(3) 밴드성서대학 운영계획안 만들기

밴드성서대학의 운영계획안을 만들어 교인들에게 나누어주고 자세하게 설명해준다. 밴드성서대학 운영계획안은 밴드목회를 하기 위해서는 꼭 필요하며 그 과정이 어떻게 진행될 것인지 잘 알려주어 앞으로 나아갈 교회의 방향에 대해 이해할 수 있도록 돕는다.

2) 2단계

(1) 핵심멤버의 2단계 교육

1단계 교육과정을 마친 사람들은 계속해서 2단계 교육을 받도록 한다. 이 단계에서 밴드목회 구조에 대해 온전한 이해를 갖게 하고, 본격적으로 사역하는 그리스도인이 될 수 있도록 이끌어 줘야 한다. 그러한 목적으로 2단계 교육은 밴드성서대학의 2단계 교재인 《하나님 나라 건설자》, 《사역하는 그리스도인》을 교육시키는 동시에 밴드원이 되기 원하는 자들에 한하여 밴드 모임을 잘 할 수 있도록 《밴드 모임의 실제》를 통해 밴드 모임 방식과 구체적으로 밴드 모임에서 무엇을 해야 하는지 철저하게 가르친다. 또한 목자가 될 만한 자질을 가진 자를 선출하여 《예비 목자 교육》을 해줌으로써 준비된 목자가 될 수 있도록 돕는다.

《하나님 나라 건설자》

타 교재와 달리 《하나님 나라 건설자》는 밴드목회의 전반적인 구조와 틀이 무엇인가를 설명하는 데 중점을 둔 교재이다. 즉 다른 교재들이 밴드교회를 이루는 소프트웨어 역할을 한다면 《하나님 나라 건설자》는 밴드교회를 이루는 하드웨어를 말해주고 있는 것이다. 따라서 이 교재를 공부하면서 밴드교회를 이루는 골격에 대한 이해를 갖게 될 것이다. 담임 목회자는 그 부분에 중점을 두고 교육해야 한다.

많은 사람들이 오늘날 한국 교회를 향하여 개혁의 바람이 불어야 한다고 소리친다. 그런데 그 외침이 한낱 공허한 메아리만 남길 뿐 실질적인 변화를 불러오고 있는지는 의문이다. 오히려 그러한 개혁의 목소리로 인해 서로가 상처받고 분열과 불신만 쌓이게 된 것이 현실이 아닌가 생각한다.

우리는 이제 하나님의 관점에서 교회를 바라봐야 한다. 하나님께서 교회를 향해 바라시는 것은 '개혁' 이 아니라 '회복' 이다. 우리의 모든 다툼과 분열은 하나님이 바라시는 모습으로 회복되지 못한 결과이다. 그러므로 이제 하나님의 자녀들이 일어나 하나님 나라를 회복해 가야한다. 사탄에게 빼앗기고 점령당한 이 세상을 되찾아 하나님께 돌려드려야 하는 것이다. 시대가 점점 악해져 가고, 점점 더 그리스도인이 설 자리를 잃어가고 있는 이 때에 세상 속에서 성도인 우리가 '하나님 나라 건설자' 가 되어야 한다.

성경의 역사를 살펴보면 하나님께서 거룩한 자를 부르셔서 시대의 탁류 속에서도 도도하게 거룩한 하나님의 나라를 세워간

인물들이 있었다. 노아, 아브라함, 이삭, 야곱, 요셉, 모세, 여호수아, 다니엘, 베드로, 요한, 바울 등 그들은 다수의 무리가 아닌 소수였지만 그들에 의해서 하나님의 복음은 변질되지 않고 시대를 넘어 전해져 왔다. 이 마지막 시대에 그와 같은 거룩한 자를 주님께서 찾으신다. 한 알의 거룩한 씨가 되어 하나님을 위해 썩어짐으로써 이 땅에 하나님 나라를 건설할 이 시대의 아브라함, 이 시대의 바울을 부르고 계신 것이다. 《하나님 나라 건설자》의 교육을 통해 바라는 점은 그러한 성도를 길러내는 것이다.

특히 이 교육이 중요한 이유는 《하나님 나라 건설자》를 마친 후에는 자신의 판단에 따라 '밴드원 가입 서약서' 를 쓰고 밴드원이 될 수 있기 때문이다. 따라서 이 교재를 교육할 때 핵심 멤버들이 철저한 하나님 나라의 제자로 설 수 있도록 잘 인도해야 한다.

《사역하는 그리스도인》

핵심 멤버들이 본격적으로 사역자로 준비될 수 있도록 교육하는 단계다. 《사역하는 그리스도인》은 요한복음 13-21장까지 말씀으로 구성되어 있는데, 한 마디로 예수님께서 '제자들에게 주신 말씀' 이다. 여기서 중점적으로 교육해야 하는 것은 우리가 주님으로부터 생명을 얻는 구원의 은혜를 입었으니 이제 그 사랑을 가지고 나아가 세상 사람들의 '생명을 구하라.' 는 것이다. 즉 《사역하는 그리스도인》은 그리스도인의 사역론을 담고 있다.

주님의 사역을 감당하는 자들을 여기서는 '하나님나라 사역자' 라고 부른다. 그 이유는 비록 육신은 이 땅을 딛고 살아가지만 우리의 모든 목적과 삶의 소망은 오직 하늘에 있기 때문이다. 그러하기에 이 땅과 벗하지만 예속되지 않고, 기대어 살지만 침몰되지 않을 수 있는 것이다. 핵심 멤버들이 이 교육을 통해 오로지 하나님의 목적이 이끄는 대로 살아가는 사역자가 될 수 있도록 담임 목회자가 분명한 목적을 가지고 교육해야 한다.

교재의 내용을 간략히 소개하자면 1장의 "사역자란 어떤 존재인가"라는 물음에서부터 시작하여 12장에서 '생명과 사랑을 전하는 자' 가 진정한 '하나님나라의 사역자' 라는 대답을 얻어내기까지 철저하게 복음적인 정신으로 요한복음을 해석한 것이다. 그렇기 때문에 이 교육을 잘 마쳤다면 '사역하는 그리스도인' 으로 변화되어 있는 핵심 멤버들을 발견할 수 있을 것이다.

《밴드 모임의 실제》

《밴드 모임의 실제》는 밴드 가입 희망자들에게 밴드에 들어가기에 앞서 밴드 모임을 어떻게 해야 하고, 밴드 안에서는 무엇을 나눠야 하며, 밴드 모임이 지향하는 바가 무엇인지 4차례 모임을 통해 알려줌으로써 밴드에 원활하게 적응할 수 있도록 돕는 교육이다. 밴드모임에 대한 교육이 꼭 필요한 이유는 이러한 교육

없이 밴드 모임을 갖게 되면 일반 소그룹 모임(목장 모임)과의 차이를 인지하지 못한 채 이것도 저것도 아닌 모임을 하게 되기 때문이다.

밴드목회 초창기에는 이런 교육 없이 곧바로 밴드 모임을 갖게 했다. 그랬더니 처음에는 잘 되는 듯하다가 시간이 흐를수록 훈련되지 않은 사람들이 밴드에 들어오자 목장 모임도 아니고 그렇다고 밴드 모임도 아닌 애매한 모임이 되는 것을 발견했다. 그 이유를 살펴보니 그들에게는 이미 목장 모임이 익숙하기 때문에 자연스럽게 목장 모임 식으로 모임을 진행하는 것이 편했기 때문이다. 그러나 밴드 모임은 목장 모임과 그 목적과 존재 이유가 분명히 다르다. 따라서 이 교육을 통해 밴드의 목적과 의미, 밴드원으로서 감당해야 할 사명과 자세 등을 다시 한 번 상기시켜줌으로써 분명한 목적을 가지고 밴드 모임을 할 수 있도록 독려해야 한다.

이 교육은 꼭 교역자가 해야 할 필요는 없다. 오히려 밴드를 통해 오랫동안 훈련된 평신도 지도자가 현장 경험을 살려 교육해도 좋다고 본다.

《예비 목자 교육》

2단계의 교육을 거치고 밴드원이 되면 목자가 될 수 있는 자격이 부여된다. 그렇다고 모든 밴드원들이 목자가 되는 것은 아니다. 그 중에서 리더십이 있다고 판단되는 이들을 권면하여 이 교육을 받게 한다. 아무리 목원의 숫자가 증가해도 준비된 목자가 없으면 목장 분가가 이뤄질 수 없다. 밴드목회 초기에 목원들이 워낙 많아지자 제대로 목자가 준비되지 않았음에도 불구하고 목장 분가를 시도했다가 뼈저리게 실패한 경험이 있다. 그 경험을 통해 준비된 목자가 없이는 목장이 분가할 수 없다는 사실을 통감했다.

그렇다면 밴드교회에서 목자는 어떤 사명을 감당해야 하는가? 우선 목자의 모델은 예수 그리스도다. 예수님께서 스스로 "나는 선한 목자라"(요 10:11)고 말씀하셨기 때문이다. 그러므로 목자가 되고자 하는 자는 예수님을 본받아 '선한 목자' 가 되어야 한다.

사람들은 선한 목자라고 하면 착하고 온유한 목자를 떠올리는 경향이 있다. 그것은 착각 중의 착각이다. 만약 목자의 성품이 착하고 온유한데 양들을 다 굶겨죽이고, 목말라 죽게 하며, 맹수에게 잡혀 먹히게 한다면 그가 선한 목자라 할 수 있는가? 아니다. 그는 지극히 악한 목자이다. 따라서 선한 목자는 성품에 관해 말하는 것이 아니다. 양을 잘 양육하고, 끝까지 살려내는 목자가 선한 목자다.

선한 목자이신 예수님을 모델로 하여 목자의 사명을 살펴보면 목자에게는 크게 세 가지 사명이 있음을 알 수 있다.

첫째, 목자의 사명은 양을 '양육' 하는 것이다. 목자가 양을 양육하려면 '생명의 꼴' 을 먹여야 한다. 그래서 선한 목자이신 예수님께서 이렇게 말씀하셨다.

"도둑이 오는 것은 도둑질하고 죽이고 멸망시키려는 것뿐이요 내가 온 것은 양으로 생명을 얻게 하고 더 풍성히 얻게 하려는 것이라"(요 10:10).

예수님을 본받아 목자는 양들에게 끊임없이 생명의 꼴을 먹임으로써 양으로 하여금 생명을 풍성히 얻을 수 있도록 해야 한다. 그렇다면 어떻게 목자가 양들에게 생명의 꼴을 먹이겠는가? 생명을 얻는 자리, 즉 말씀의 자리, 기도의 자리, 예배의 자리, 헌신의 자리로 목자가 목원들을 직접 이끌고 다니면서 부지런히 영적인 꼴을 먹여야 한다. 그리할 때 양들의 신앙이 부쩍부쩍 성장하게 되는 것이다.

둘째, 목자는 양을 이끄는 '리더십' 을 가져야 한다. 목자가 양들을 리더십을 가지고 이끌되 명령하거나 강압적으로 대하는 것이 아니라 그들을 섬기고 양들을 위해 자신을 희생하는 '종의 리더십'이 필요하다. 그래서 주님은 말씀하셨다.

"너희 중에 누구든지 크고자 하는 자는 너희를 섬기는 자가 되고 너희 중에 누구든지 으뜸이 되고자 하는 자는 너희의 종이 되어야 하리라"(마 20:26-27).

예수님을 본받아 목자는 세상의 지도자처럼 대접 받으려 하지 말고 겸손한 자세로 섬김과 봉사의 삶을 살아야 한다. 예수님께서 친히 선생으로서 제자들의 발을 씻어주시고, 십자가의 희생조차 마다하지 않으셨던 것처럼 목자는 낮은 자세로 양들을 섬겨야 한다. 그리하여 목자의 희생적인 삶을 통해 그 안에서 목원들이 예수 그리스도를 볼 수 있어야 한다. 그때 목자에게 영적인 권위가 생기고, 양들이 목자의 말에 진심으로 순종하며 따르게 되는 것이다. 목자는 이러한 영적 권위를 가지고 자신에게 맡겨진 영혼을 끝까지 사랑하고 돌봐야 한다.

셋째, 목자는 양을 위해 '생명을 거는 자'가 되어야 한다. 양을 살리기 위해서라면 목숨까지도 아까워하지 않는 자가 선한 목자다. 양들은 그런 목자가 있기 때문에 건강하게 성장할 수 있는 것이다. 예수님은 실로 그런 목자였다.

"나는 선한 목자라 선한 목자는 양들을 위하여 목숨을 버리거니와"(요 10:11).

예수님은 진정으로 우리의 선한 목자가 되셔서 말로만 그친 것이 아니라 실제로 양들을 위해 목숨을 버리셨다. 그러므로 예수님을 닮은 선한 목자가 되고자 한다면 양을 위해 목숨까지도 버릴 수 있는 사랑이 있어야 한다. 때문에 목자는 가르치는 '선생(teacher)' 으로서가 아니라 자식을 기르는 '부모(parents)' 의 심정으로 영혼을 돌봐야 한다. 부모의 사랑을 가지지 않고서는 양을 위해 생명을 버릴 수 없기 때문이다. 그러므로 목자의 사역은 일주일에 한 번 목원을 만나서 교제하고 끝나는 그런 차원이 아니라 부모의 심정으로 24시간 온전히 영혼을 책임지는 자세를 가져야 한다. 그 생명을 다한 사랑이 양을 살리고, 양을 온전하게 성장시키는 힘이 된다.

앵스트롬(Ted W. Engstrom)이라는 학자는 초대교회 사도들에게 나타난 지도력을 세 가지로 표현했는데, 첫째는, '양육' , 둘째는, '모범' , 셋째는, '아버지의 자격' 이라고 말했다. 이것이 바로 예수님에게 나타났던 지도력이고, 목자가 본받아야 할 자세이다. 내게 맡겨진 어린 양을 생명의 꼴을 먹임으로써 '양육' 하고, 섬김의 리더십의 '모범' 을 보여 삶으로 가르치며, 아버지의 심정으로 생명을 건 '사랑' 을 나누어서 그들을 믿음의 장성한 분량에 이르도록 성장시키는 자가 진짜 목자이다.

이러한 예비 목자 교육을 통해 목자의 자세가 어떠해야 하고, 목자의 사명이 무엇인지에 대한 분명한 성경적 토대를 쌓을 수 있도록 도와야 한다. 준비된 목자를 세우는 것, 그것이 밴드교회를 세우는 가장 든든한 기둥이 된다.

(2) 준밴드 형성하기

2단계에서는 1단계에서 선발된 핵심 멤버들을 중심으로 준밴드를 만들고, 교역자들이 준밴드의 리더가 되어 밴드(BAND)를 시범적으로 운영한다. 그리고 밴드 멤버들은 준밴드 모임과는 별도로 앞에서 설명한 밴드성서대학의 2단계 과정을 교육받음으로써 정식 밴드원이 될 수 있도록 훈련한다. 이와 동시에 제 2그룹을 선발하여 밴드성서대학의 1단계 과정을 밟을 수 있도록 이끈다.

교역자가 밴드의 리더가 된 준밴드는 3단계 때 밴드를 완전히 실현하기 위해, 앞으로 진행될 밴드의 운영과 똑같은 방법으로 시행한다. 그러기 위해 준밴드를 시행하기에 앞서 파일럿 그룹(핵심 멤버)으로부터 밴드 가입 서약서를 받는다. 밴드 가입은 절대로 타의에 의해서 하면 안 되고 반드시 자의에 의해 결정하도록 한다.

밴드원(Band Member) 가입 서약서

1. 당신은 예수 그리스도를 통해 죄 사함을 얻고 구원받았음을 믿습니까? (예, 아니오)
2. 하나님 사랑과 이웃 사랑이 당신의 심령 속에 자리하고 있습니까? (예, 아니오)
3. 밴드 모임에서 당신의 신앙 성숙을 위해 잘못된 것을 지적해 줄 때, 마음 상하지 않고 받아들일 용의가 있습니까? (예, 아니오)
4. 밴드 모임에서 개방된 마음을 가지고 당신의 마음속에 있는 모든 것들을 거짓 없이 말할 용의가 있습니까? (예, 아니오)
5. 밴드 내에서 이야기 된 내용에 대해 철저하게 비밀을 지키겠습니까? (예, 아니오)
6. 밴드 내에서 이야기됐던 내용을 목회적 치리를 위해 리더가 목사님께 보고하는 것에 대해 동의하십니까? (예, 아니오)
7. 당신은 마음과 행동으로 죄를 짓지 않기 위해 다음과 같은 생활 규칙을 지키겠습니까?

① 시간 엄수 - 밴드 모임 시간을 철저히 엄수하겠다. (예, 아니오)
② 주일날 자신의 유익을 위해 물건을 사고팔지 않겠다. (예, 아니오)
③ 온전한 십일조 생활을 하겠다. (예, 아니오)
④ 술, 담배, 도박을 하지 않겠다. (예, 아니오)
⑤ 정직한 상거래를 하겠다. (예, 아니오)

⑥ 교인 간에 이자놀이, 돈거래, 담보 설정 등을 하지 않겠다. (예, 아니오)

⑦ 부부간에, 또한 자식에게 폭력(언어폭력 포함)을 행사하지 않겠다. (예, 아니오)

⑧ 타인을 험담하지 않고, 그런 일을 하거든 중단시키겠다. (예, 아니오)

⑨ 사치하지 않고, 타인에게 위화감을 주는 태도를 취하지 않겠다. (예, 아니오)

⑩ 내가 가진 것을 가지고 구제하되, 최선을 다해 구제하겠다. (예, 아니오)

⑪ 모든 예배에 출석하고, 밴드의 모든 공적모임에 반드시 참석하겠다. (예, 아니오)

⑫ 급한 업무나 질병관계가 아닌 한 매일 말씀묵상(Q.T)을 하겠다. (예, 아니오)

⑬ 매일 아침 기도하겠다. 만약 내가 가장이면 가족 기도회를 실시하겠다. (예, 아니오)

⑭ 마을과 목장을 가족처럼 돌보고, 목장 모임에 빠지지 않겠다. (예, 아니오)

⑮ 모든 일을 밴드 리더와 의논하며, 목사님의 목회적 치리에 순종하겠다. (예, 아니오)

나는 밴드 회원이 되기 위해 위의 조건들을 지킬 것을 엄숙히 맹세합니다.

______년___월___일 / 소속:__________ 이름:__________ ㊞

밴드 가입 서약서에 서약한 멤버들을 대상으로 준밴드를 운영한다. 앞에서도 설명했듯이 준밴드는 그 내용에 있어서 밴드와 전혀 차이가 없다. 그렇기 때문에 준밴드의 운영은 밴드모임의 순서에 따라 진행하면 된다. 그러나 밴드목회가 자리를 잡게 되면 제2그룹부터는 3단계에 이르러서 밴드에 들어가기 때문에 처음 파일럿 그룹만 준밴드를 하는 것이다. 이러한 과정을 통해 밴드를 더 깊이 이해하고, 밴드모임을 익숙하게 만들기 위해서이다.

'밴드 모임의 운영 규칙' 과 '밴드 모임의 진행방법' 은 아래와 같다.

밴드 모임 운영규칙

1. 밴드 모임은 1주일에 한 번 밴드 멤버들이 정한 시간에 갖는다.

밴드 멤버들 모두에게 가장 적절한 시간을 정하여 1주일에 한 번 모인다. 교회의 큰 행사 등 아주 부득이한 경우에만 시간을 바꿀 수 있다. 밴드를 위한 시간은 밴드 가입서에 서약한 대로 먼저 떼어놓은 뒤, 다른 모든 계획은 그 외의 시간에 잡는 것을 습관화해야 한다. 남는 시간에 한다는 개념이 생기게 해서는 안 되며, 특별히 밴드 리더는 어떤 중요한 일이 있어도 밴드 시간을 철저히 준수하는 모범을 보여야 한다.

2. 밴드 모임 장소

밴드 멤버의 가정집을 순회하는 것을 원칙으로 한다. 멤버들이 어떻게 살고 있는지 형편을 알 수 있고 편안하게 교제할 수 있기 때문이다. 돌아가며 정성스럽게 준비한 식사나 다과를 나누는 것도 모임의 중요

한 부분 중 하나이다. 부득이한 경우가 아니고는 교회에서 모이는 것은 피해야 한다.

3. 밴드 모임에는 반드시 멤버들 전원이 참석해야 한다.

공동체에 한 사람이라도 빠지면 분위기가 깨진다. 그리스도의 지체인 밴드 멤버들이 모임에 빠진다는 것은 그리스도의 몸을 정상적으로 만들지 못하는 것이기 때문이다. 아주 부득이한 경우를 제외하고는 밴드 모임에는 무조건 참석하는 것을 원칙으로 한다.

4. 밴드 모임에서 나눈 이야기는 비밀준수를 철저히 해야 한다.

밴드 모임에서 나온 이야기는 반드시 비밀 보장이 되어야 한다. 왜냐하면 밴드 멤버들 간에 신뢰감이 생겨야 마음의 문을 열 수 있기 때문이다. 단 담당 전도사님이나 목사님에게 보고하는 것은 예외로 둔다.

5. 교제의 식사

가정 공동체는 먼저 밥상 공동체가 되어야 한다. 따라서 모일 때 모두가 같이 식사를 나누는 것이 좋다. 중요한 것은 먹는 것이 아니라 사랑의 교제이다.

6. 밴드 모임에서의 Q · T

밴드 나눔 시간에 지난 한 주일 묵상했던 Q · T를 나누는 것은 매우 중요하다. 성숙한 그리스도인이 되기 위한 기본적인 훈련이 되기 때문이다. 이를 위해 3개월 동안은 《성화 훈련 가이드 북》으로 훈련하고, 그 후에는 좋은 큐티 교재를 선정하여 진행하도록 한다.

7. 밴드 모임의 시간 및 진행

밴드 모임에 시간제한은 없다. 그날그날 성령의 인도하심에 따라 진행하되 2-3시간 내외로 모임을 갖는 것을 원칙으로 한다.

밴드 모임 진행 방법

밴드 모임은 다음의 순서를 기본으로 하되 밴드 리더의 재량에 따라 인도될 수 있다.

1. 찬양의 시간(15-20분)

멤버들이 서로 돌아가며 자신이 지난 일주일 동안 살면서 즐겨 불렀던 찬양을 함께 부른다. 이때 내가 왜 이 찬양을 한 주 동안 즐겨 불렀는지 짤막한 간증과 함께 찬양을 나눈다. 이 시간을 통해 밴드원들의 마음이 열려지게 된다. 또한 이때 모임 가운데 성령님이 임재하시도록 간구의 기도를 드린다.

2. 점검의 시간(30분 내외)

지난 모임 이후 자신들의 삶이 어떠했는지 자유롭게 나눈다. 생각, 마음, 행동에서 성숙해야 할 부분은 없는지 함께 나누도록 한다. 또한 죄의 유혹을 받은 것이 있다면 어떻게 대처했는지 고백하고, 다른 멤버들이 그것에 대해 질문하면서 그의 영적 상태를 점검해준다.

이와 함께 밴드 가입 서약서에 나온 생활지침들을 잘 지켰는지도 점검한다.

3. 나눔의 시간(40분 내외)

- 지난 주일 설교 말씀 중에서 깨달은 것을 어떻게 삶에 적용하였는지 나눔.
- 전도 경험이나 사역 경험, 기도 경험 등을 나눔.
- 일주일 동안 지내면서 은혜 받았던 것, 좋았던 것, 슬펐던 것을 나눔.
- 일주일 동안 Q · T를 통해 묵상한 것을 나눔.
- 나라와 민족, 교회, 성도, 이웃 등 중보기도 제목을 나누고 10분 정도 기도함.

4. 토의 시간(40분 내외)

나눔의 시간에 중요하다고 생각되는 주제를 뽑아 집중적으로 같이 문제 해결하는 시간을 갖는다. 멤버 모두가 다 같이 참여하여 토의해야 하는데 상황에 따라 격려, 위로, 도전, 권면, 책망 등을 적절하게 해줘야 한다. 특히 이 시간을 통해 우리 모두는 그리스도 안에서 한 가족임을 기억해야 한다. 함께 기도하고, 구체적인 도움을 나누며, 한 주

동안의 삶의 결단도 이때 나눈다.

5. 기도회(10분)

사역에 대한 비전과 밴드 안에 필요한 기도 제목을 놓고 짝지어 기도한다.

(3) 목장 편성하기

밴드목회에서 목장을 편성하기 위해 가장 중요한 사항은 교인의 신앙 정도에 따른 분류를 하는 것이다. 이것을 예수마을교회는 '구조조정표' 라고 하는데 기존의 교인들을 담당목회자가 지켜봐 온 신앙정도에 따라 구분하여 골고루 목장에 배치하는 것이다. 이를 통해 헌신된 성도와 돌봄이 필요한 성도들을 적절히 배분하여 건강한 가정 공동체를 만들 수 있는 바탕이 되게 한다.

	마을					10개 내외의 목장을 하나의 마을로
	디렉터: ○○○ / 담당 목회자: ○○○					
	목장	1목장	2목장	3목장	4목장	목장은 신자와 불신자를 포함하는 열린 영역
	목자	임성훈	김종진	강미란	김미숙	목자는 밴드 멤버 중 1명
S1	밴드 리더	○○○		○○○		**S1 그룹:** 밴드 리더는 3단계 때 S2 그룹에서 교역자가 선발
S2	밴드 멤버	임성훈 김○○ 이○○ 박○○	김종진 최○○ 조○○ 오○○	강미란 허○○ 호○○ 문○○ 고○○	김미숙 전○○ 임○○ 송○○	**S2 그룹:** 1단계 때 선발된 핵심 멤버들로 파일럿 그룹을 형성하여 집중적으로 교육받는다. 2단계 때 준밴드원이 되고, 3단계 때 밴드멤버가 되며, 4단계 때 밴드리더가 될 수 있다.
계		4명	4명	5명	4명	
S3	1.주일 출석 2.수요·금요 철야 참석 3.밴드성서 대학 참석	차○○ 최○○ 이○○ 방○○ 안○○	박○○ 최○○ 송○○ 강○○	전○○ 김○○ 최○○ 차○○	홍○○ 윤○○ 안○○ 임○○	**S3 그룹:** 2단계 때 밴드성서대학 1단계 공부에 지원할 그룹
S4	주일 출석	박○○ 최○○ 강○○ 홍○○	양○○ 백○○ 최○○	정○○ 송○○ 고○○ 박○○	이○○ 오○○ 김○○ 문○○	
S5	가끔 예배 참석	임○○ 고○○	김○○ 이○○ 권○○	조○○ 정○○	전○○ 국○○	
S6	주변인	정○○ 정○○ 오○○ 최○○ 박○○ 안○○	박○○ 김○○ 이○○ 장○○ 홍○○	이○○ 안○○ 진○○ 최○○ 송○○ 강○○ 이○○	이○○ 이○○ 손○○ 안○○ 천○○ 박○○	거의 교회에 출석하지 않는 사람으로서 실질적으로 관리하기가 불가능한 사람이다. 그래도 이들을 위해 끊임없이 기도하도록 한다.

【예수마을교회 구조조정표의 예】

마을 내의 목장의 구성원은 각 단계별(S1, S2, S3 등)로 목원들을 균등하게 나누어 구성한다. 참고로 현재 예수마을교회의 마을은 총 16개이며, 그 안에 10개 내외의 목장으로 구성되어 있다.

이렇게 구조조정표에 입각하여 목장을 나눈 후에 담임목사는 준밴드원 중에서 리더십이 있고 신앙적으로 가장 모범을 보이는 자를 목자로 임명하여 목장에 파송한다. 그 외 준밴드원들은 목장의 준목자나 핵심 목원이 되어 목장이 잘 운영될 수 있도록 목자를 돕는다.

목장 모임을 인도하는 방법은 아래와 같다.

〈목장 인도하는 방법 4단계〉

1. 친밀감 형성의 시간(Ice break) : 인간 대 인간(20분 내외)

이 시간은 **인간 대 인간의 관계 형성이 중심**이다. 목장의 지도자(목자, 준목자)는 모임 이전에 목원들과 관계성을 늘 맺고 있어야 한다. 그래야 모임을 시작할 때 친밀한 분위기에서 시작할 수 있기 때문이다. 친밀한 분위기에서 모임을 시작하는 것이 중요한 이유는 이 시간에 마음 문이 열려야 편안함을 느끼며 자신의 생각을 진솔하게 나눌 수 있기 때문이다. 그러한 분위기를 유도하기 위해 가벼운 분위기로 대화를 시작하고 함께 음식을 나누는 것이 중요하다. 이와 같이 자연스러운 모습으로 모임을 시작하게 되면 모임 자체가 형식적이지 않고 유연하게 진행될 수 있다.

2. 경배와 찬양의 시간 : 인간 대 하나님(15분 내외)

사람들 간에 교제가 무르익어 친밀감이 충분히 형성된 뒤에는 **사람이 하나님을 찾아가는 단계로 진행**되어야 한다. 이 시간은 몸 된 지체들이 머리되신 예수님과 연결되는 시간이다. 만약 이 단계가 결여되면 인간적인 교제는 이뤄질지 모르나 주님과의 교제로는 나아가지 못한다. 그러므로 찬양의 시간을 통해 하나님께 온 마음을 모을 수 있도록 이끌어 줘야 한다.

3. 말씀 나눔의 시간(말씀 나눔 및 토의) : 하나님 대 인간(40분 내외)

하나님께서 인간에게 말씀하시는 시간이다. **하나님의 말씀을 함께 나누고, 모임 안에서 역사하시는 하나님을 경험하도록 하는 데 초점**을 둔다. 말씀을 통해 서로를 세워주고 신령한 은사들을 활용하도록 격려해야 한다. 또한 말씀을 삶 속에서 구체적으로 어떻게 적용하며 살 것인가를 구체적으로 생각하는 시간이 되어야 한다.

또한 어려운 일을 당한 사람이나 목원들과 함께 논의하고자 하는 일이 있으면 함께 내어놓고 토의하는 시간을 갖는다.

4. 비전 나누기 및 중보기도 : 신자 대 불신자(10분 내외)

이 시간은 **비전을 나누는 시간**이다. 예배에 참석하지 못한 목원들의 심방 계획과 전도계획을 짜기도 하고, 각 목원들의 수준에 따라 성경공부를 받을 수 있도록 권유하는 등 전도사역과 관리 사역을 적절히 배분하여 나눈다. 특별히 모든 목원들이 전도하는 것을 중요하게 여기도록 독려해야 한다. 이 비전 나눔이 활발하면 할수록 목장은 활기차게 성장하게 된다. 이 시간에 목장을 위해 쓸 수 있도록 목장헌금도 하도록 한다.

이후 목장의 목원들을 위해 서로 중보기도의 시간을 가진 후 목자의 마침기도로 끝을 맺는다.

※ 목장 모임은 불신자와 아직 신앙적으로 어린 자들이 많이 있으므로 목자가 그때그때 상황에 맞게 잘 운영해야 한다. 또한 목장별 특별한 행사를 가지는 것으로 목장모임을 대체할 수 있다(예 : 함께 하는 파티, 야유회, 운동회 등)

3) 3단계

(1) 핵심 멤버의 3단계 교육

3단계 교재는 《성숙한 그리스도인》과 《성화훈련 가이드북》으로서 성도 스스로가 더욱 성숙한 신앙을 추구할 수 있도록 돕는 것이 그 목적이다. 이 단계에서는 핵심 멤버들이 정식 밴드원이 되어 훈련을 받으며 그 중에서도 디렉터(마을 지도자)가 될 만한 사람들을 선별하여 담임 목회자가 집중적으로 양육하도록 한다. 특별히 디렉터 같은 경우는 거의 부 교역자급의 권한을 부여받고 현장에서 영혼들을 돌보는 사역을 감당하게 되기 때문에 담임 목회자와 목회철학을 깊이 공유하는 것이 매우 중요하다. 한

마디로 이 과정은 전문 사역자 훈련과정이라 할 수 있다.

물론 꼭 사역자가 되지 않더라도 2단계 교육을 마친 사람은 이 교육을 받을 수 있다. 그러나 3단계의 교육을 받는 사람은 작은 것이라도 교회 안에서 사역을 맡게 하는 것이 좋다. 그렇지 않으면 이 모든 교육이 지식적인 교육에서 그칠 수 있기 때문이다.

《성숙한 그리스도인》

《성숙한 그리스도인》은 밴드원이 되고, 사역자가 된 성도들이 어떻게 하면 더욱 성숙한 그리스도인이 될 것인가에 대해 야고보서를 통해 함께 생각하는 교육과정이다.

오늘날 우리 사회는 '성숙함'을 절실히 요구하고 있다. 정치, 경제계 뿐 아니라 삶의 전 영역에서 성숙함을 요구하는 목소리가 높다. 그런데 누구보다 성숙함의 모델이 되어야 할 그리스도인들이 오히려 세상 사람들의 손가락질을 받는 상황이 되었다. 이 얼마나 안타까운 현실인가?

이제 이 땅 위에 다시금 거룩한 하나님의 나라를 건설하고, 하나님의 자존심을 지키는 성숙한 그리스도인들이 세워져야 한다. 온 정성과 마음을 다해 교회를 섬기고, 이웃을 섬기며, 세상을 위해 봉사할 성숙한 그리스도인이 훈련돼야 한다는 말이다. 그러한 사역을 감당할 수 있는 성숙한 사역자를 세워가는 것이 이 교육의 목표이다.

《성숙한 그리스도인》을 통해 말로만의 사랑이 아닌 진정한 믿음과 행함이 일치하는 성숙한 의식뿐 아니라 언행(言行)의 성숙과 바른 물질관을 가지며, 이단을 경계하는 삶에 이르기까지 다양한 영역에서의 성숙함을 훈련받을 수 있을 것이다.

비록 현재 우리는 단지 그리스도인이라는 이유만으로 손가락질을 받는 시대가 되어 버렸지만, '과거를 후회 말고, 미래를 걱정 말며, 오늘에 최선을 다하는 한 사람의 사역자' 가 된다면 이 시대에 진정한 그리스도의 빛을 나누는 성도로 우뚝 서게 될 것이다. 담임 목회자는 핵심멤버들이 이러한 정체성을 가질 수 있도록 목적을 가지고 교육해야 한다.

《성화훈련 가이드북》

《성화훈련 가이드북》은 밴드원이 된 성도들을 그리스도의 형상에까지 장성할 수 있도록 안내하는 훈련교재이다.

성화를 추구하는 데 중요한 것은 지속적으로 훈련해야 한다는 것이다. 그것은 마치 운동선수들이 끊임없이 훈련함으로써 훌륭한 선수가 되는 것과 마찬가지 이치다. 훈련을 통해 몸을 단련하고 전술을 익혀 상대를 효과적으로 제압하는 법을 배우는 것과 같이 성화의 훈련을 통해 우리는 사단을 제압하고 하나님의 뜻을 이루는 자가 될 수 있다.

'밴드' 에 있어서 '성화가 가장 핵심적인 개념' 이기 때문에 여기서 어떠한 성화훈련을 하게 되는지 간략하게 소개하자면 다음과 같은 것들이다.

성화 훈련 1 : 말씀

성화를 위한 훈련의 첫 번째 단계는 '말씀 묵상' 이다.

> "모든 성경은 하나님의 감동으로 된 것으로 교훈과 책망과 바르게 함과 의로 교육하기에 유익하니 이는 하나님의 사람으로 온전하게 하며 모든 선한 일을 행할 능력을 갖추게 하려 함이라"(딤후 3:16-17).

하나님의 영으로 기록된 성경은 하나님의 사람을 온전하게 하며, 모든 선한 일을 행할 능력을 갖추게 한다. 이러한 말씀을 읽을 때 성도는 예배하는 자세로 읽어야 하며, 매일 매일 꾸준히 체계적으로 읽어야 한다. 또한 읽은 말씀을 삶 속에서 실천하고 적용하는 것이 중요하다. 말씀을 읽고 삶에 적용하지 않고서는 결단코 성화에 이를 수 없기 때문이다. 그리고 자신이 묵상하고 실천한 말씀을 밴드모임에서 반드시 나눠야 한다. 이 시간을 통해 자신의 삶을 공동체적으로 검증받고, 더욱 그 말씀 위에 바로 서기 위해 노력하게 되기 때문이다.

성화 훈련 2 : 기도

기도는 성도의 영적 호흡이기 때문에 기도하지 않으면 영적으로 성도는 죽는다. 따라서 영적으로 살아 있는 성도가 되기 위해서는 반드시 기도하는 삶을 살아야 한다.

기도에는 원칙이 있는데 그 기본 원칙은 하나님과 교통하는 것이다. 무조건 나 자신의 요구조건을 말하고 끝내는 것이 아니다. 성숙한 그리스도인이 되기 위해서는 나의 요구조건을 내놓기 전에 먼저 하나님이 나에게 요구하시는 음성을 들을 줄 알아야 한다. 그렇기 때문에 성숙한 신앙인의 기도는 하나님의 뜻을 구하는 기도이다. 밴드원은 이런 기도를 훈련해야 한다.

기도에는 통성기도, 침묵기도, 금식기도, 예수님을 반복적으로 구하는 예수기도, 기도문을 사용하는 기도, 이냐시오식 상상 기도, 베네딕트 기도법과 같은 묵상기도 등 다양한 형태가 있다. 이러한 기도들을 통해 주님의 음성을 깊이 듣는 경지에 이르게 될 때 성화에 한 걸음 가까이 나아가게 되는 것이다.

성화 훈련 3 : 예배

예배는 살아 계신 하나님과의 인격적인 교제이며, 마음과 뜻과 성품을 다하여 진정으로 하나님을 기쁘게 하는 행위이다. 예배를 통해 인간은 하나님을 경배하고 감사, 찬양, 고백, 헌신, 봉헌,

기도로서 영광을 돌린다. 예배에 대해서는 뒤에 더 깊이 나누도록 하겠다.

성화 훈련 4 : 영적 독서

말씀을 묵상하는 것과 함께 경건서적을 읽는 것도 신앙을 성숙하게 하는 데 큰 도움이 된다. 왜냐하면 선진들의 신앙을 배우는 통로가 되기 때문이다. 경건서적을 읽을 때는 하나님의 뜻을 깨닫게 해달라고 간절히 기도해야 하며, 또한 그 뜻을 실천할 수 있는 힘을 달라고 간구해야 한다.

영적 독서가 단지 이해 수준에 머무르지 않고 하나님과의 깊이 있는 영적 교제로 나아갈 때 성화를 위한 좋은 도구가 된다는 것을 명심해야 한다. 그러므로 우리는 책을 읽을 때 항상 하나님께서 나에게 말씀하시는 하나님의 음성을 들을 수 있도록 귀를 열어야 한다.

성화 훈련 5 : 자기성찰

우리가 아무리 노력한다 할지라도 늘 깨어 있지 않으면 사단의 영적 도전을 받을 수밖에 없다. 그렇기 때문에 성도는 사탄의 세력을 이기고 지속적으로 예수님의 형상을 닮아가기 위하여 끊임없이 자기를 비우고 성찰해야 한다.

그러나 여기서 주의할 점이 있다. 그것은 자기성찰이 결코 의무감으로 되지 않는다는 것이다. 의무감은 우리에게 아무것도 주지 못한다. 오직 기쁨과 감사로 주님과 동행함을 느끼며 그 안에서 자기성찰이 이뤄져야 한다. 이러한 자기 성찰이 있을 때에만 인격적 성장이 있고, 성화를 향해 나아갈 수 있다.

성화 훈련 6 : 선행

성화는 혼자서만 이루어 나가는 것이 아니다. 그것은 오히려 믿지 않는 이웃들과의 관계를 통해서 온전히 이뤄진다. 이는 예수님께서 "네 이웃을 네 몸과 같이 사랑하라." 하신 말씀을 실천하는 일이기도 하다. 사랑은 성화된 삶의 최종표현이다. 지극히 작은 자 하나에 대한 선행(마 25:34-40)이야말로 하나님의 백성들이 전심으로 행해야 할 일이다.

오늘날 한국 교회는 지나치게 성장에만 집착한 나머지 가난하고 소외된 이웃을 돌보거나 썩어져 가는 세상에 예언자적 소명을 감당하는 데에는 소홀한 면이 있다. 그러나 진정한 성화는 개인의 영성 함양 못지않게 타인과 사회를 사랑으로 섬기고 진리의 양심을 수호해야 가능한 것이다. 그것을 실천하는 자가 바로 밴드원이어야 한다.

이처럼 담임 목회자와 핵심 멤버들이 이 교재를 통해 말씀묵상, 기도, 경건서적 읽기, 나눔 실천, 성만찬, 영적 일기 쓰기 등을 함께 실천해감으로써 더욱 깊은 영적인 교제를 나눈다. 이를 통해 담임 목회자와 핵심 멤버들이 목회의 동반자적 관계를 형성하는 것이다. 무엇보다 이 교육은 가르치는 데 초점이 있는 것이 아니라 담임 목회자와 평신도 지도자들이 함께 삶을 나누고 짐을 함께 지는 성숙한 연합에 목적이 있는 것이다. 그러므로 형식적인 교육이 돼서는 아무 효과가 없다는 것을 명심해야 한다.

이 교육을 마치면 평신도 스스로가 밴드를 통해 성화를 추구해 나가는 성숙한 단계에 이르게 된다. 그렇다고 해도 담임 목회자는 항상 이들에 대해 관심을 가지고 지켜보며 필요에 따라 저들을 권면하고 지도해주어야 한다.

《예비 디렉터 교육》

목장의 건강한 분가를 위해서는 준비된 목자가 필요하듯 마을을 분가하기 위해서도 준비된 디렉터가 필요하다. 한 마디로 이 과정은 평신도 지도자를 만드는 과정이라 하겠다. 이 교육과정을 통해 디렉터가 어떤 사역을 감당해야 하고, 어떻게 마을을 이끌어가야 하는지에 대해 잘 지도해주어야 한다. 왜냐하면 이들의 역할은 일반적으로 교회에서 흔히 볼 수 없었던 사역의 모델이기 때문이다. 이들은 보통 10개 내외의 목장을 책임지면서 목자들을 재량껏 교육할 수 있고, 또한 전체적인 마을 목회를 계획하고 진행하기 때문에 그만한 소양을 갖출 수 있도록 돕는 것이 필수적이다.

'마을의 개념'과 마을을 지도하는 '평신도 디렉터의 역할'이 무엇인지에 대해 간략하게 설명하자면 다음과 같다.

밴드교회는 헌신된 사역자 그룹(디렉터), 밴드, 목장, 그리고 마을로 확장되며, 여러 개의 마을이 모여 하나의 밴드교회를 이룬다. 예수마을교회 안에서 통상 '마을'이라고 하면 10개 내외의 목장을 하나로 묶어서 독립된 공동체를 이루는데, 영적 가족의 확대된 개념이라고 보면 된다. 일반적인 교회에서는 '대교구' 정도로 이해할 수 있을 것이다.

그러나 밴드교회에서 마을은 제도적인 교회에서의 그것과는 분명한 차이가 있다. 가장 중요한 차이를 든다면, 마을은 평신도들이 주체가 된다는 점이다. 지금까지 전통적인 교회는 교인 관리를 위해 교구를 나누어서 유급 목회자에게 관리를 책임지게 했다. 그러나 밴드교회에서는 그와 같은 사역을 평신도 지도자인 디렉터가 감당한다. 이처럼 밴드교회는 일부 목회자 중심의 교회가 아니라 교회 구성원 모두가 하나가 되어 함께 교회를 책임지는 구조이다.

마을의 지도자인 평신도 디렉터의 역할을 간략하게 정리하자면 다섯 가지로 요약할 수 있다.

첫째, 담임목사의 목회방침을 현장에서 실천해나가는 지도

자 역할을 감당한다. 그렇기 때문에 밴드교회에서 담임 목사와 디렉터는 전반적인 목회철학을 함께 공유해야 한다. 이를 위해 정기적으로 목회적인 모임을 갖고 마을 치리에 있어서 담임 목사의 지도와 점검을 받는 등 모든 짐을 함께 나누는 관계가 되어야 한다. 한마디로 담임 목사가 목회의 방침을 수립하고 결정하면, 디렉터들은 현장에서 평신도들을 독려하여 그것이 성취되도록 이끌어 가는 역할을 감당하는 것이다.

둘째, 밴드모임의 지도자가 된다. 밴드원들은 목장의 영적리더들이다. 그들이 한 자리에 모여 삶을 점검하고, 사역을 돌아보는 곳이 밴드 모임이다. 그와 같은 밴드 모임에 디렉터들이 지도자가 됨으로써 목자들의 영성을 늘 점검하고 돌보아야 한다.

셋째, 목자들과 함께 마을 교회를 돌보는 역할을 감당한다. 디렉터는 마을 교회를 책임지는 지도자로서 목자들과 함께 마을 교회를 돌보는 자가 되어야 한다. 이를 위해 목자들과 정기적인 만남을 통해 목장의 상황을 점검하고, 그들의 필요를 채워주는 일을 감당한다. 또한 마을을 돌보는 중에 담임 목사가 알아야 할 필요가 있는 사안이 있을 경우, 담당 목회자와 협의 하에 이를 담임목사에게 보고하도록 한다.

그러나 여기서 한 가지 기억해야 할 것은 마을 디렉터들이 목장을 감독한다고 해서 목장의 작은 일까지 하나하나 간섭해서는 안 된다는 것이다. 목장에는 목자가 있음으로 목장의 사역은 목자들에게 전적으로 위임하고, 디렉터는 목장의 활성화를 위해 뒤에서 협력해주는 역할을 주로 감당해야 한다.

넷째, 성도들을 훈련시켜 사역자가 되게 한다. 마을 디렉터들은 목장이 부흥해서 분가해야 할 경우를 대비해서 사역자를 훈련시켜야 한다. 아무리 새신자가 몰려와도 준비된 MD사역자가 없으면 제대로 정착할 수 없고, 목장이 부흥한다 해도 준비된 목자가 없으면 분가할 수 없기 때문이다.

다섯째, 급박한 경우 목자의 역할을 대신하기도 한다. 여러 가지 사정으로 인해 목자의 부재 시 임시적으로 목자의 사역을 대신 감당하기도 한다.

이와 같은 역할을 통해 디렉터는 마을을 치리하면서 건강한 주님의 공동체를 세워가는 것이다. 그런데 여기서 한 가지 명심할 것은 이들은 안수 받은 목사가 아닌 평신도 지도자들이기 때문에 그들의 권위를 평신도들이 쉽사리 인정하지 않는다는 점이다. 그렇기 때문에 더더욱 디렉터들은 선한 목자되신 주님의 본을 따라 섬김의 리더십을 발휘함으로써 권위를 인정받아야 한다. 즉 성도들이 자발적으로 존경하며 따를 수 있는 자가 되어야 한다는 것이다. 또한 담임 목회자도 그들을 목회 협력자로 세웠다면 디렉터들을 누구보다 앞장서서 품어주고 하나님으로부터 소명 받은 사역자로 인정해주어야 한다.

(2) 밴드 형성하기

밴드를 형성하기 위해서는 구성원들이 서로 그리스도 안에서 온전한 가정 공동체를 이뤄야 한다. 여기서 가장 중요한 것은 '서로 사랑' 이다. 왜냐하면 사랑이 없는 가정은 이미 죽은 가정이기 때문이다. 예수님은 우리에게 어떤 모습으로 사랑해야 하는지 분명하게 보여주셨다.

"유월절 전에 예수께서 자기가 세상을 떠나 아버지께로 돌아가실 때가 이른 줄 아시고 세상에 있는 **자기 사람들을 사랑하시되 끝까지 사랑하시니라**"(요 13:1).

예수님이 보여준 사랑은 '끝까지 사랑' 이었다. 즉 자기 사람을 책임지는 사랑이었던 것이다. 이런 사랑만이 세상을 변화시킬 수 있다. 예수님은 이 사랑의 중요성을 너무도 잘 아셨기 때문에 마지막 유언을 남기시면서 '서로 사랑' 에 대해 강조하셨다.

"새 계명을 너희에게 주노니 **서로 사랑하라** 내가 너희를 사랑한 것같이 너희도 **서로 사랑하라**"(요 13:34).

"내 계명은 곧 내가 너희를 사랑한 것 같이 너희도 **서로 사랑하라** 하는 이것이니라"(요 15:12).

"내가 이것을 너희에게 명함은 너희로 **서로 사랑**하게 하려 함이라"(요 15:17).

이러한 사랑이 공동체 안에서 넘쳐날 때 진짜 밴드다운 밴드가 될 수 있다.

구약에도 보면 '서로 사랑' 의 모습을 아주 잘 보여주는 모델이 있다. 바로 '다윗과 요나단' 이 그 주인공이다. 요나단이 다윗을 얼마나 사랑했는지 성경은 이렇게 기록하고 있다.

"요나단의 마음이 다윗의 마음과 하나가 되어 **요나단이 그(다윗)를 자기 생명 같이 사랑하니라**"(삼상 18:1).

"**다윗에 대한 요나단의 사랑**이 그를 다시 맹세하게 하였으니 이는 **자기 생명을 사랑함 같이 그를 사랑함이었더라**"(삼상 20:17).

요나단은 다윗을 자기 생명같이 사랑했다. 마찬가지로 다윗 또한 요나단을 너무나 사랑했다.

"**내 형 요나단이여 내가 그대를 애통함은 그대는 내게 심히 아름다움이라** 그대가 나를 사랑함이 기이하여 여인의 사랑보다 더하였도다"(삼하 1:26)

이처럼 다윗과 요나단은 연인이 사랑하는 것 이상으로 서로를 생명 같이 사랑했던 것을 알 수 있다. 그렇다면 어떻게 다윗과 요나단이 이처럼 서로를 생명같이 사랑하며 아름다운 관계를 맺을 수 있었던 것일까? 그 이유는 그들의 목적이 같았기 때문이다. 그들은 둘 다 하나님을 자신의 삶의 목적으로 두고 살았던 것이다. 그러하기에 주님 안에서 그들은 진정으로 하나 되는 사랑의 공동체를 이룰 수 있었다.

그러므로 하나님을 아버지로 모시고 서로 한 가족이 된 밴드 멤버들 간에는 다윗과 요나단 같은, 그리고 예수님의 열두 제자 같은 '서로 사랑' 이 넘쳐나야 한다. 이러한 사랑이 없이는 절대로 밴드다운 밴드가 될 수 없다.

4) 4단계

(1) 밴드와 목장의 분가

밴드원은 목장에 파송되어 목자와 준목자 혹은 핵심 멤버가 되어서 목장 사역의 중추적인 역할을 감당한다. 그들은 목원만 관리하는 것이 아니라 MD사역과 부진신자 관리 등 목장의 영혼을 최일선에서 관리한다. 이를 통해 끊임없이 목장을 성장시키면서 목원 중에서 신앙의 진보가 있는 자들을 밴드성서대학에 보내어

1단계 과정을 이수하게 하여 밴드원으로 성장할 수 있도록 독려한다.

이러한 과정을 거치면서 밴드와 목장의 인원은 동시에 증가하게 되고, 일정 정도의 인원과 지도자가 준비되면 목장과 밴드는 각각 분가하게 된다. 분가의 비율은 두세 목장 대 한 밴드가 구성되기 때문에 원리상 두세 개의 목장이 분가하면 하나의 밴드가 형성되게 되는 것이다.

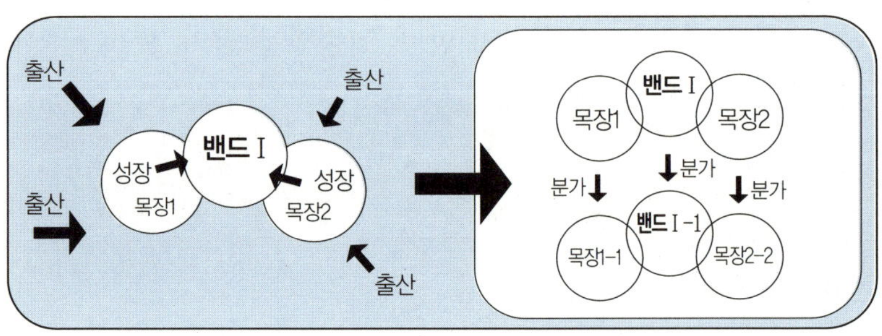

【밴드와 목장의 성장과 분가】

목장이 분가할 때는 분가할 목장의 목자가 우선적인 고려대상이다. 따라서 분가를 준비하고 있다면 전 목장의 목자는 분가할 목장의 예비 목자를 미리 정하여 밴드성서대학에서 교육을 받도록 인도해야 한다. 이를 통해 예비 목자는 목자의 자질, 임무, 목원 관리 등에 대한 체계적인 교육을 받게 된다.

그러나 사람을 키우는 일은 교육으로만 되지 않는다. 때문에 분가를 준비하고 있는 목자는 예비목자를 자신과 함께 사역하게 하면서 삶을 통해 배울 수 있도록 도와야 한다. 함께 심방도 다니고, 전도도 다니며, 목장 모임 인도도 해볼 수 있도록 기회를 주는 것이다. 경험상으로는 이러한 삶의 교육이 그 어떤 교육보다 예비 목자에게 큰 효과가 있었다.

(2) 밴드 성서대학 교과과정

4단계는 밴드성서대학이 완전히 정착하는 단계다. 밴드성서대학은 밴드의 멤버들을 길러내고, 그들을 양육하는 것뿐 아니라, 전교인을 말씀으로 교육시키는 데 있어서도 매우 중요한 역할을 한다. 밴드목회는 철저하게 가정 공동체를 지향하므로 목장의 목자들은 말 그대로 한 가정의 어미와 아비로서 자녀들을 사랑으로 돌보는 데 그 역할을 집중한다. 그리고 교육은 밴드성서대학에서 전담하는 것이다. 이것은 마치 각 가정의 부모들이 자녀의 전문적인 교육은 학교에 맡기고 자신들은 자녀들을 돌보는 역할을 감당하는 것과 같은 맥락이다. 영적인 자녀들은 밴드성서대학을 통하여 각자 스스로의 단계에 알맞은 교육을 받음으로써 미래의 영적 부모로 성장해간다.

특별히 이 단계에 이르면 교역자만 가르치는 것이 아니라 잘 훈련받은 평신도 지도자도 담임 목회자의 허락하에 1, 2단계 교육을 직접 할 수 있다.

다음은 예수마을교회에서 실시하고 있는 밴드성서대학의 교육과정이다.

과정	밴드성서대학 필수이수과목				사회봉사	진급
1단계	진짜 그리스도인	생명 있는 그리스도인	새신자를 100% 정착시켜라 (MD사역)		매년 최소 10시간 이상	**준목자 및 집사 자격**
2단계	하나님 나라 건설자	사역하는 그리스도인	예비 목자교육 (목자 희망자)	밴드 모임의 실제 (밴드 가입 희망자)	매년 최소 20시간 이상	**목자 및 권사 자격**
3단계	성숙한 그리스도인	성화 훈련 가이드 북	예비 디렉터 교육 (디렉터 희망자)		매년 최소 30시간 이상	**디렉터 및 장로 자격**
선택	**밴드성서대학 선택과목**					
	◈ 상담학교 / 전도학교 / 기도학교 / 성막론 / 교사교육 / 결혼 예비 학교 부부 학교 / 아버지 학교 등 ▶ **자율 선택** ◈ 성경통독 / 리더십 / 로마서 / 멘토링 / 성령론 / 예언자 교육 등 ▶ **1단계 이수자만 선택 가능**					

【예수마을교회 밴드성서대학】

밴드목회의 뼈대가 되는 교육은 밴드성서대학의 필수 이수과목이다. 그 밖의 선택과목은 각 교회의 형편과 여건에 따라 다양하게 진행할 수도 있고, 하지 않을 수도 있다. 가장 핵심적인 것은 필수 이수과목에 다 있기 때문이다. 그 외의 것은 담임 목회자의 뜻에 따라 자유롭게 선택하도록 한다.

6. 밴드교회의 사명은 무엇인가?

밴드교회는 3가지 틀을 근간으로 세워져 있다. '하나님 사랑', '이웃 사랑', '제자 양육' 이 바로 그것이다. '하나님 사랑' 과 '이웃 사랑' 은 성경 전체의 핵심이다. 하나님 사랑과 이웃 사랑의 율법이 십계명에 담겨져 있고, 십계명을 풀어서 설명한 것이 모세 오경의 율법(토라)이라면, 구약과 신약은 하나님 사랑과 이웃 사랑의 실천 강령이라 할 수 있다. 그러므로 성경을 한 마디로 요약하면 하나님 사랑과 이웃 사랑인 것이다. 하나님의 말씀대로 살아가기 원하는가? 그렇다면 반드시 하나님 사랑과 이웃 사랑을 실천하는 자가 되어야만 한다(마 22:35-40, 막 12:28-34, 눅 10:25-28).

이와 함께 하나님의 명령인 하나님 사랑과 이웃 사랑을 온전하게 실현하기 위해서는 '제자 양육'이 동반되어야 한다. 하나님 사랑과 이웃 사랑을 실천하는 것이 사람이기 때문이다. 사람이 키워지지 않으면 하나님 사랑과 이웃 사랑은 허울뿐인 구호로 머물 수밖에 없다. 따라서 제자양육은 하나님 사랑과 이웃 사랑을 가능케 하는 키워드라 할 수 있다.

하나님 사랑을 실천하는 예배 섬김 사역과 이웃 사랑을 실천하기 위해 지역 곳곳을 섬기는 사역들, 그리고 이 모든 사역을 감당할 제자를 양육하는 것이 밴드목회의 3가지 핵심 가치이다. 이것을 예수마을교회를 예로 들어 설명하면 아래 표와 같다.

예수마을교회

하나님 사랑	제자 양육				이웃 사랑		
예배부	교회 교육부	사회 교육부	교회 선교부	사회 선교부	교회 섬김부	사회 섬김부	관리부
예배기획팀	밴드아카데미	꿈터문화원	살롬커뮤니티교회	학원선교팀	미디어팀	청소년문화마을	차량관리팀
안내/헌금	유치부	마을서당	1~16마을	지역선교팀	차량봉사팀	해피사랑방	기술팀
방송팀	아동부	동의학교실	새신자팀	동의선교팀	게시판관리팀	아나바다	소모품관리팀
찬양팀	중등부	실용음악학교		실업인선교팀	교회청소팀	중구노인복지센터	전기관리팀
성가대팀	고등부	창업대학		국내외선교팀		무료경로식당	악기관리팀
	청년부	상담사교육		체육선교팀		드롭인센터	시설관리팀
	영어예배	일대일 멘토링				가정폭력상담소	비품프로그램관리팀
		토요학교				무료법률상담소	
						미시원	

【예수마을교회 조직도】

1) 하나님 사랑 – 'Sin Free Zone'

하나님 사랑을 고백하고 실천하는 장이 어디인가? 바로 '예배'다. 그러하기에 하나님을 사랑하는 자라면 먼저 '예배자'가 되어야 하고, 하나님의 뜻에 합당한 교회가 되기 원한다면 '예배의 회복'이 선행되어야 한다. 예배를 통해 성도는 하나님의 은혜를 경험하고, 신앙을 고백하며, 그분의 능력을 부여받아 세상을 이길 힘을 얻기 때문이다. 그러므로 하나님을 사랑하는 자라면 그분을 신령과 진정으로 예배하지 않을 수 없다.

그렇다면 밴드교회가 추구하는 참된 예배는 무엇인가? 그것은 우리의 예배현장이 '죄가 없는 공간(Sin Free Zone)'이 되는 데 있다. 하나님의 임재가 있는 곳에는 죄가 사라지고 하나님의 거룩함이 임하기 때문이다. 이는 두 가지 측면을 염두에 둔 것이다. 먼저는 주님의 지체들이 함께 모여 예배하는 **'교회공동체 안에서의 예배'**이고, 또 하나는 우리의 일상적인 삶 속에서 예배하는 **'삶의 예배'**를 말하는 것이다. 전자의 예배를 통해 성도들이 함께 하나님의 임재를 경험함으로써 죄인이 의인이 되고, 죄에서 자유함을 얻으며, 하나님의 거룩한 자녀로서 이 세상을 살아갈 수 있는 힘과 능력을 공급받는다. 이와 함께 후자의 예배를 통해 성도는 자신의 삶의 자리를 하나님의 임재가 있는 거룩한 공간으로 만들어 가야 한다. 다시 말해 내 가정, 내 학교, 내 직장, 내 삶의 터전을 예배의 자리게 되게 하는 것이다. 바로 성도가 서 있는 그곳이 말씀을 실천하는 장이며, 세상을 섬기는 장소가 되어야 한다. 그러한 삶을 통해 그리스도의 사랑을 전파하는 것, 그것이 진정 하나님을 사랑하는 예배자의 모습이고 밴드교회가 지향하는 바이다.

이러한 교회 안과 밖의 예배를 통해 밴드교회는 희년의 정신을 실현해가야 한다. 죄의 포로가 되고, 죄에 눈이 멀었으며, 죄에 억눌린 자들을 자유롭게 함으로써 우리의 삶의 자리가 죄가 없는 공간(Sin Free Zone)이 되도록 해야 한다는 것이다(눅 4:18-19). 이런 구체적인 삶의 변화와 결단이 빠진 예배라면 자기만족은 될 수 있을지 몰라도 하나님께는 영광이요, 세상에는 평화를 이루는 변화는 일으키지 못한다. 다시 한 번 강조하지만 밴드교회는 하나님의 거룩한 자녀들이 교회 안에서나 밖에서 그곳이 어디든 상관없이 신령과 진정의 예배를 드리는 공동체를 세워가는 것이 중요한 목적이다.

2) 이웃 사랑 – '3L 정신'

하나님을 사랑하면 자연히 나타나는 현상이 있다. 그것은 내 이웃을 내 몸같이 사랑하게 된다는 것이다. 만약 하나님을 사랑한다고 하면서 이웃을 사랑하지 않는 자가 있다면 그 사랑의 고백은 거짓이다.

“누구든지 하나님을 사랑하노라 하고 그 형제를 미워하면 이는 거짓말하는 자니 보는 바 그 형제를 사랑하지 아니하는 자는 보지 못하는 바 하나님을 사랑할 수 없느니라”(요일 4:20).

그러므로 진정한 성도는 하나님을 사랑하는 만큼 하나님의 형상대로 지음 받은 이웃을 내 몸같이 사랑해야 한다. 교회가 가진 중요한 존재목적 중 하나가 이웃에게 사랑을 실천함으로써 생명을 구원하는 데 있음을 잊어서는 안 된다. 즉 이웃 사랑은 ‘선택’이 아니라 교회를 교회되게 하는 근간이요, ‘존재 목적’인 것이다.

그러한 맥락에서 밴드교회는 이웃 사랑의 실천을 중요한 핵심 가치로 둔다. 그렇다면 어떠한 마음 자세로 이웃 사랑을 실천할 것인가? 밴드교회는 **‘3L 정신’**으로 이웃 사랑을 실천한다. ‘3L 정신’을 한 마디로 표현하면, **사랑**(Love)으로 세상을 섬김으로써, **빛**(Light)의 사명을 감당하여, 세상에서 죽어가는 이들의 **생명**(Life)을 살리는 것을 말한다. 이것이 밴드원이 감당해야 할 사역이다.

(1) 사랑(Love)

가장 먼저 성도는 사랑을 품는 자가 되어야 한다. 그 이유는 우리가 믿는 하나님 자체가 사랑이기 때문이다.

"**하나님은 사랑**이심이라"(요일 4:8).

우리가 믿는 하나님이 사랑이기 때문에 그분을 마음에 모시면 우리의 심령 안에 사랑이 임하게 돼 있다. 그러므로 자신의 삶에서 사랑이 흘러나오지 않는 자는 그 마음 가운데 하나님을 모시고 있지 않는 것이라고밖에 이해할 수 없다. 우리의 구원자이신 예수님도 그 사랑의 결정체로서 이 땅에 오신 분이 아닌가?

"**하나님은 사랑**이 우리에게 이렇게 나타난 바 되었으니 하나님이 자기의 독생자를 세상에 보내심은 저로 말미암아 우리를 살리려 하심이니라"(요일 4:9).

하나님께서 우리를 구원하시려고 예수님을 이 땅에 보내신 것도 사랑이었고, 예수님께서 스스로 자신을 낮추시고 인간의 모습으로 우리 가운데 오신 것도 다 사랑 때문이었다. 우리가 예수님을 믿는다는 것은 그 사랑을 받아들인다는 의미이다. 밤길을 환히 밝히는 달빛이 햇빛을 반사하고 있는 것이듯, 한없는 주님의 사랑을 받아들임으로써 구원을 받았다면 그 사랑이 우리의 삶 속에서 드러날 수밖에 없다. 그래서 요한 사도는 내 형제자매, 즉 이웃을 사랑하는 모습이 있을 때에만 그가 진정 구원받은 자라는 것을 알 수 있다고 강조했다.

"**우리는 형제를 사랑함으로 사망에서 옮겨 생명으로 들어간 줄을 알거니와** 사랑하지 아니하는 자는 사망에 머물러 있느니라"(요일 3:14).

우리가 믿는 자라는 증거는 반드시 이웃 사랑을 통해 드러나게 돼 있다. 이웃을 사랑하지 않는 자는 아무리 입으로 주님을 믿는다고 고백할지라도 그는 생명이 아닌 사망에 머물러 있는 자일 뿐이다.

그렇다면 우리가 얼마만큼 이웃을 사랑해야 하는 것인가? 사도 요한은 성도가 품어야 할 사랑의 지평에 대해 이렇게 설명한다.

"그가 우리를 위하여 목숨을 버리셨으니 우리가 이로써 사랑을 알고 **우리도 형제들을 위하여 목숨을 버리는 것이 마땅하니라**"(요일 3:16).

예수님이 우리를 구원하시기 위해 생명을 바친 것처럼, 우리도 생명을 바치기까지 이웃을 사랑해야 한다. 이 세상 속에서 그리스도의 사랑을 실천하는 데 있어서 생명까지도 아까워하지 않는 심정으로 나아가야 한다는 말이다. 그런데 이웃 사랑을 실천하겠노라고 하면서 돈을 계산하고, 시간을 아까워한다면 되겠는가? 예수님은 우리를 위해 자신의 모든 것을 값없이 주셨다. 그 사랑을 받은 성도라면 이웃에게 그 사랑을 값없이 나눌 수 있어야 한다.

이처럼 사랑은 그리스도인에게 있어서 있어도 되고 없어도 되는 것이 아니다. 엄밀히 말하면 중요한 것도 아니다. 절대로 없어서는 안 될 유일무이한 것이다. 그래서 성경은 "사랑이 없으면 내가 아무것도 아니요"(고전 13:2)라고 말한다. 이 사랑이 밴드원이 품어야 할 마음이고, 밴드교회가 세상 속에서 실천해야 할 일이다.

(2) 빛(Light)

밴드원은 세상에서 **사랑(Love)**을 실천함으로써, 세상의 **빛(Light)**이 되어야 한다. 우리가 믿는 예수님 자체가 사랑인 동시에 빛이셨다.

> "**나는 세상의 빛이니** 나를 따르는 자는 어둠에 다니지 아니하고 생명의 빛을 얻으리라"(요 8:12).

예수님이 세상의 빛이기 때문에 예수님을 따르는 성도 또한 세상의 빛이 되어야 한다. 어둠이 깊으면 깊을수록 빛이 더 드러난다. 이 암흑 같은 세상 속에 예수님께서 생명의 빛으로 오셨고, 그 생명의 빛을 받아들임으로써 우리는 거룩한 주님의 자녀가 되었다. 이제 그 생명의 빛을 받은 자로서 우리 또한 예수님을 본받아 세상의 빛이 되어야 한다. 그래서 주님은 우리를 향해 **"너희는 세상의 빛이라"** (마 5:14)고 말씀하셨다.

빛으로 변화된 그리스도인은 결코 어둠과 손잡을 수 없다. 빛과 어둠은 타협할 수 있는 존재가 아니기 때문이다. 아무리 작은 빛이라도 어둠 가운데 들어오면 그 능력을 발하여 어둠을 쫓아낸다. 그러므로 성도는 세상 속에서 예수님의 사랑(Love)을 실천함으로써 그 행실이 빛(Light)으로 드러나야 한다. 이러한 빛 된 행실을 통해 성도는 세상을 변화시켜 가는 것이다. 그래서 주님은 말씀하셨다.

> "이같이 **너희 빛이 사람 앞에 비치게 하여** 그들로 너희 착한 행실을 보고 **하늘에 계신 너희 아버지께 영광을 돌리게 하라**"(마 5:16).

우리가 세상의 빛이 되기 위해서는 세상에서 찾아볼 수 없는 '착한 행실' 이 있어야 한다. 이 착한 행실이 무엇인가? 그것은 한마디로 세상에서 찾아볼 수 없는 가치관이다. 내 것을 계산하지 않고, 조건 없이 이웃과 나누고 섬김으로써 저들에게 감동을 줄 수 있어야 한다. 그리하여 세상 사람들이 우리의 행실을 보고 하늘에 계신 하나님께 영광을 돌릴 수 있도록 만들어야 한다. 우리가 세상 사람과 똑같은 기준을 가지고 살아간다면 어떻게 사랑의 빛을 밝힐 수 있겠는가? 초가 세상을 밝히기 위해 자신을 불태우듯이 성도는 자신의 삶을 희생하고 내려놓음으로써 세상에 사랑의 불을 밝힐 수 있는 것이다. 이것이 또한 밴드원이 지녀야 할 삶의 자세이다.

(3) 생명(Life)

예수님은 우리에게 '사랑(Love)'을 베풂으로 '빛(Light)'이 되셨고, 그 사랑의 빛을 통해 죽어가는 자들의 '생명(Life)'을 구원하셨다. 그래서 주님은 **"나는 부활이요 생명이라"(요 11:25)**고 말씀하셨다. 그렇다. 예수님 자체가 생명의 근원이다. 그렇기 때문에 예수님이 아니고서는 생명을 얻을 수도 없고, 하나님 나라에 이를 수도 없다(요 14:6).

이 예수님을 구주로 모신 자라면, 예수님을 본받아 어둠 속에서 방황하는 이웃을 사랑(Love)으로 섬김으로써, 어둠을 밝히는 빛(Light)이 되어, 그들을 생명(Life)의 길로 인도해야 한다. 이것이 예수 그리스도의 형상을 닮아가고자 하는 밴드원이 걸어가야 할 삶의 길이다.

성경 속에서 이러한 삶의 모델을 하나 예로 든다면 '선한 사마리아인'이 그 대표적인 예라 할 수 있다. 어떤 사람이 예루살렘에서 여리고로 내려가다가 강도를 만나 거의 죽게 되었다. 그때 그곳을 지나게 된 제사장과 레위인은 그를 피하여 갔지만 선한 사마리아인은 그를 불쌍히 여겨 사랑으로 감싸준다. 먼저 정성스럽게 상처를 싸매어 주고, 자기 짐승에 태워 기꺼이 주막으로 데리고 가서 돌보아준 것이다. 그리고 이튿날 여관 주인에게 돈을 주면서 이 사람을 돌보아달라고 부탁한다. 그러고는 만약 경비가 더 들면 내가 돌아올 때에 갚으리라고 약속까지 한다. 일면식도 없는 한 이웃을 선한 사마리아인은 자신의 모든 것을 바쳐 섬김으로써 빛된 행실을 보였다. 그로 인해 죽을 수밖에 없던 한 이웃이 새 생명을 얻게 된 것이다(눅 10:30-36). 이 말씀을 마치시며 예수님은 아주 중요한 말씀을 우리에게 남기신다.

예수께서 이르시되 "가서 너도 이와 같이 하라"(눅 10:37).

너희가 '앎'에만 머무르는 자가 되지 말고, '삶'으로 그것을 나타내는 자가 되라는 것이다. 그러므로 적어도 밴드원이라면 선한 사마리아인의 본을 따라 이와 같이 행하는 자가 되어야 한다. 그가 강도 만난 자의 상처를 싸매어준 것처럼 세상에서 소외받는 이들의 육체의 상처를 싸매어주는 '의료적인 섬김', 때로는 정신적인 아픔과 상처를 보듬어주는 '치유 상담', 또는 영적인 억압과 상처로부터 자유할 수 있도록 돕는 '치유 은사 사역' 등을 통해 죽어가는 이들이 온전한 생명을 얻을 수 있도록 해야 한다. 또한 세상에서 갈 곳 없는 자들에게 '안식처를 제공' 해주고,

새 삶의 희망을 가지고 일어설 수 있도록 끝까지 도와야 한다. 이는 속옷을 달라고 하는 자에게 겉옷까지 내어주며, 억지로 오 리를 가고자 하는 자에게 기꺼이 십 리를 동행하는 마음이 있을 때 가능한 것이다.

밴드원은 이러한 사랑(Love)을 품고 세상에 나가야 한다. 그리고 그 곳이 어디든 빛(Light)을 비추는 사역을 감당해야 한다. 그 때 그곳에서부터 생명(Life)의 싹이 움틀 것이다. 때로는 그와 같은 사역을 감당하기 위해 많은 희생과 포기가 뒤따를 수 있다. 선한 사마리아인이 그랬던 것처럼 내 정성, 내 시간, 때로는 내 물질도 아낌없이 나눌 수 있어야 한다. 예수님이 그랬던 것처럼 말이다. 예수님이 십자가에서 자신의 생명까지 포기하지 않았던들 그분의 사랑이 우리에게 흘러올 수 없었고, 어둠 속에 있던 우리의 빛이 될 수도 없었으며, 영원한 생명을 얻게 되는 구원도 이룰 수 없었다. 그러므로 우리가 그 주님의 사역을 이 땅 위에서 이뤄가는 자가 되기 위해서는 자신의 것을 포기하고 내려놓을 수 있어야 한다. 그때에야 비로소 생명을 살리는 역사가 가능하기 때문이다.

그렇다면 우리가 어떻게 끝까지 이웃을 사랑하며 살아갈 수 있을까? 그 비밀은 여기 있다.

> "무슨 일을 하든지 마음을 다하여 주께 하듯 하고 사람에게 하듯 하지 말라"(골 3:23).

우리가 사명을 감당해나갈 때 무슨 일을 하든지 주께 하듯 하고, 사람에게 하듯 하지 않으면 된다. 내 앞에 주님이 있다고 생각해보자. 성도가 주님을 섬길 때 인간적인 계산을 앞세우겠는가? 아닐 것이다. 자신의 마음과 정성과 뜻과 목숨을 다해 섬길 것이다. 마찬가지로 이웃을 사랑할 때 그러한 마음자세로 임해야 한다. 왜냐하면 지극히 작은 자 하나에게 한 것이 곧 예수님께 한 것이기 때문이다(마 25:40). 그때 세상이 우리의 착한 행실을 보고 감동하게 될 것이다.

우리가 이와 같이 전심으로 주님의 사랑을 전하여 생명의 열매를 맺으면 그 모든 상급은 하나님께서 친히 갚아주신다.

> "이는 기업의 상을 주께 받을 줄 아나니 너희는 주 그리스도를 섬기느니라"(골 3:24).

우리가 3L 정신(Love, Light, Life)으로 세상을 섬기며 나가면 하나님의 유업을 상으로 받게 된다는 것이다. 왜인가? 주 그리스도를 섬기는 삶이었기 때문이다. 이러한 상급을 받아 누리는 자가 진정한 밴드원이고, 그런 자들이 함께하는 공동체가 밴드교회인 것이다.

이처럼 선한 사마리아인의 정신으로 예수마을교회는 다섯 가지 영역에서 이웃 사랑을 실천하고 있다. 그것은 '교육', '복지', '의료', '문화', '경제' 등이다.

첫째, 교육은 꿈터 문화원, 토요학교, 서울실용음악고등학교, 일대일 멘토링, 마을서당, 동의학교실, 평생노인대학 등을 통해 실천하고 있다. 교육의 중요성은 아무리 강조해도 지나치지 않다. 앞으로 다양한 영역에서 사회봉사가 가능하기 위해서는 다양한 영역의 인재들이 나와야 하기 때문이다. 그러하기에 이웃 사랑 사역에 있어서 교육은 언제나 그 중심에 자리할 것이다.

둘째, 복지 분야다. 중구노인복지센터, 무료급식소, 무료법률 사무소, 드롭인 센터 등을 통해 이웃 사랑을 실천하고 있다. 복지 영역에서 이웃 사랑을 실천할 때 국가가 담당할 수 있는 부분은 국가가 담당하게 하고, 교회는 여러 가지 이유 때문에 그런 제도적인 혜택에서 제외된 이들을 품는 사역에 주력해야 한다. 그리하여 지역사회가 교회를 인정하고 교회가 하는 사역에 감동할 수 있도록 만들어야 한다.

셋째, 의료영역이다. 해피 사랑방과 구생회, 그리고 백내장 수술 후원사업 등을 통해 이 사역을 펼쳐가고 있다. 사람이 몸이 아픈데 치료를 받지 못하는 것처럼 서럽고 힘든 일이 어디 있겠는가? 특별히 병들고 가난한 자들의 치료자가 되셨던 예수님의 본을 받아 밴드원들이 앞장서서 소외된 이웃들에게 의료적인 섬김을 제공하는데 최선을 다해야 한다.

넷째, 경제 분야이다. 주로 JTM 운동본부, 미시원 카페, 아나바다 등을 통해 실천하고 있다. 우리가 사는 세상을 변화시켜나가기 위해서는 정의가 물같이 공법이 하수같이 흐르는 정의로운 경제활동이 이뤄지는 세상을 만들어야 한다. 밴드목회는 구체적인 삶의 현장이 변화됨으로써 그곳에 하나님의 나라가 임하는 것을 지향한다. 그러므로 경제활동의 현장이 변화되는 일에 누구보다도 교회가 앞장서야 한다.

다섯째, 문화 영역이다. 교회가 문화를 외면해서는 안 된다. 교회 안에서 건강한 가족공동체를 이뤘다면, 이제는 세상의 문화를 선도해나가야 하는 것이다. 그 실천으로 예수마을교회는 사단법인 청소년문화마을을 발족하여 여러 가지 일을 감당해왔다. 청소년들이 거리를 깨끗하게 청소하던 것이 발단이 되어 '살기좋은마을만들기' 단체가 결성됐고, 신당 5동 안에 있는 지역 교회들(산돌교회, 한일교회, 예수마을교회)과 주민 자치회(동사무소와 주민)의 연합체인 '교동협의회' 도 생겨날 수 있었다. 청소년들의 섬김을 통해 교회와 교회가 연합되고, 지역주민들과 교회가 함께 하게 되는 새로운 문화 패러다임을 만들어낸 것이다.

그밖에도 '청소년 살리기 운동(Can Do)', '마을 음악회', '슈퍼 밴드 페스티벌' 등을 통해 지역사회의 문화를 선도하는 교회가 되기 위해 노력하고 있다. 앞으로도 지역 사회와 더 많은 소통과 연합이 일어날 수 있도록 최선을 다할 것이다.

이와 같이 세상 가운데 사랑의 빛을 비춤으로써 생명을 살려내는 사역을 감당하는 것이 밴드교회가 지향하는 것이다. 물론 처음부터 거창한 것을 계획하라는 말이 아니다. 내 형편과 처지에서 이웃을 섬길 수 있는 것을 찾아내고, 아주 작은 실천이라도 행하며 살아야 한다는 것이다. 그러한 사랑의 실천이 있을 때 진정한 밴드교회로서의 사역이 시작되기 때문이다. 아무리 많은 것을 배우고 익혀도 머리로만 알고, 입으로만 하는 사랑이라면 절대로 세상을 변화시킬 수가 없다는 것을 기억해야 한다.

3) 제자 양육 – '준비된 리더'

'제자양육' 의 핵심은 무엇보다 '사람 세우기' 에 있다. 제자양육을 통해 그리스도의 정신으로 무장한 밴드원이 세워져야 하나님 사랑과 이웃 사랑 사역을 굳건히 지탱할 수 있기 때문이다. 특별히 예수마을교회가 지향하는 **제자양육의 철학은 교회사역에만 강한 그리스도인이 아닌 사회 속에서도 역량을 발휘할 수 있는 인재를 키우는 데 있다.** 그리하여 교회 안과 밖에서 그리스도인의 선한 영향력을 끼치며 살아가는 성숙한 그리스도인을 세우는 것이 밴드교회의 목표다.

이제까지 많은 교회들이 하나님 사랑과 이웃 사랑의 두 축 중에서 교회사역에만 관심을 쏟아왔다. 예를 들어 교회에서 드리는 예배에는 큰 관심과 정성을 쏟으면서도, 삶의 현장에서 드리는 예배에 대해서는 그만큼 관심을 쏟지 않았다. 또한 교회에서 하는 교육, 즉 유치부, 유초등부, 중고청년부 사역에는 관심을 쏟았지만, 학교에서의 삶까지는 돌아보지 못했던 것이 사실이다.

그러나 21세기를 이끌어갈 크리스천 지도자를 세우기 위해서는 양쪽에 다 관심을 갖고 지원하여서 교회 안에서의 사역뿐 아니라 사회에서 섬기는 사역에도 전문가가 될 수 있도록 균형 있는 리더로 키워야 한다. 그리하여 교회와 사회, 양쪽에서 모두 하나님의 자녀로서 탁월한 능력을 발하는 영적 지도자를 세우는 것이 우리의 목표가 되어야 한다.

하나님의 교회는 건물이 웅장해서 좋은 교회가 되는 것이 아니라 성숙한 그리스도인을 통해서 가치가 높아지는 것이다. 그런 성숙한 그리스도인을 만드는 제자양육이 되도록 늘 힘써야 할 것이다.

교회의
체질을
바꿔라

제4부

밴드목회, 그 끝나지 않은 실험

1. 변화된 성도들
2. 분가(分家)
3. 모임은 엉망, 사랑은 듬뿍
4. 십일조 아줌마
5. 오이코스 전도
6. 밴드 형성의 시행착오
7. 또 하나의 시행착오
8. 밴드원 아가페
9. 이웃과 더불어
10. 밴드목회, 그 끝나지 않은 실험

1. 변화된 성도들

밴드목회 초기에는 사랑하는 방법을 몰라 우왕좌왕하던 교인들이 서서히 안정기에 접어들었다. 그들은 아담이 하와를 일컬어 "내 뼈 중의 뼈요, 살 중의 살이라"고 한 말을 서서히 실감하기 시작했다. 말씀이 육신이 되는 경험을 한 것이다. 내 교우, 내 이웃, 내 가족을 "내 뼈 중의 뼈요, 살 중의 살이라"고 느끼게 된 것이다.

이러한 변화의 최선봉에 선 이들은 목자들이었다. 그들로 말미암아 교인들은 사람을 사랑하는 방법을 알게 되었고, 자신의 목자를 삶의 모델로 삼게 되었다. 언젠가부터 새신자들에게 예수마을교회에서 자신에게 가장 큰 영향을 끼친 사람이 누구냐고 물으면 열이면 열 목자라고 대답한다. 그럴 때면 나는 우스갯소리로 "내가 아니고요?" 하며 되묻곤 한다. 이 말에 섭섭함은 전혀 배어 있지 않다. 오히려 대견함이 담겨 있다. "얼마나 사랑했고 헌신했으면 저들이 저렇게 말할까? 나도 목자들을 저렇게 사랑해주어야겠구나!" 하는 생각이 절로 난다.

많은 이야기들 중에서 이은숙 집사(현재 권사)의 이야기를 먼저 꺼내보려고 한다. 처음에 목장을 나눌 때 '연령과 성별에 따라' 라는 원칙만 주고 밴드목회연구원에 목장 배치를 지시했다. 부흥회를 다녀오니 벌써 일사분란하게 잘 짜서 각 목자에게 명단을 이미 넘겨준 상태였다. 잡음도 전혀 없었다. 처음에는 연구원이 일을 잘해서일 거라고 생각했다. 그런데 그게 아니었다. 나중에 안 이야기이지만 이은숙 집사의 소망 1목장은 황당 그 자체였다고 한다. 교인의 숫자가 많다 보니 연구원에서는 이름과 나이만 보고 목장을 배치했는데 하필 이은숙 집사에게 배정된 목원들이 문제였다. 30명 정도 넘겨받은 명단을 가지고 첫 목장 모임을 했는데 참석자는 5명이었다. 그런데 정작 문제는 그들 대부분이 지적 능력 저하를 보이는 사람들이었던 것이다.

"처음에는 정말 황당했어요. 어떻게 이런 사람들만 내게 맡겨질 수 있는 것일까? 자신도 없었어요. 아마 예전 같으면 당장 포기했겠지요. 하지만 목사님이 그러셨잖아요. 그 누구도 하나님이 보내지 않으면 저에게로 올 수 없다고요. 그래서 저는 그들이 하나님께서 맡기신 영혼이라 믿었어요."

그런 사람들을 데리고 목장 모임을 하고, 심방을 하면서 어찌 힘들지 않았겠는가? 하지만 이은숙 집사는 하나님이 내게 맡겨 주신 영혼이라는 생각에 다시금 마음을 고쳐먹고 사역에 최선을 다했다. 지적 능력 저하를 보이는 그들을 언니처럼, 엄마처럼 보살피며 그들이 세례라도 받게 해야겠다는 일념으로 밴드성서대학에 입학을 시켰다.

사실 이런 사람들이 밴드성서대학에 들어오면 제일 곤란한 사람이 바로 가르치는 선생이다. 나 또한 그들의 모습을 보니 '과연 가르쳐야 하나?' 하는 회의가 들었지만 목자의 간절한 부탁에 입학을 허락했다. 밴드성서대학의 1단계를 수료해야 세례를 받을 수 있기 때문이다. 하지만 그들에게 성경공부는 역시 무리였는지 두 번 결석을 하기에 잘됐다 싶어 목자를 불렀다.

"집사님, 세 번 빠지면 제적이야."

내심 이미 두 번을 빠졌으니 곧 세 번을 빠질 테니 날 원망하지 말고 마음의 준비를 하라는 뜻으로 한 말이었다. 그런데 그 다음 주부터 그들이 한 사람도 안 빠지는 것이었다. 와서 졸든, 딴 짓을 하든, 횡설수설을 하든 꼭 수업에는 참석하는 이상한 일이 벌어졌다. 나는 의아하기도 하고, 신통하기도 해서 이은숙 집사를 다시 불렀다.

"어떻게 된 일이에요? 집사님 목원들이 이젠 안 빠지네."

내 말을 듣고 웃으면서 들려주는 이은숙 집사의 이야기는 내 마음을 뒤흔들어 놓았다. 밴드성서대학의 각 과목은 1만 원씩의 등록비를 받는다. 그런데 그 등록비를 전부 목자가 다 내고, 공부에 참여시킨 것이었다. 그러다가 두 번 결석해서 나에게 불려갔을 때 이은숙 집사는 그들을 만나 만약 제적되면 자기가 낸 등록금의 두 배를 벌금으로 받겠다고 으름장을 놓았다고 한다. 조금 모자라긴 해도 돈이 아까운 줄은 알기 때문에 모두 잘 참석하겠노라고 다짐을 한 것이다. 그런데 또 하나의 문제는 그들 모두에게 여러 명의 아이들이 있다는 점이었다. 성경공부를 하기 위해서는 그 아이들을 누군가가 돌봐주어야만 했다. 그 일을 이은숙 집사가 혼자서 다 감당했던 것이다.

그러한 피나는 노력 끝에 그들은 모두 세례를 받았다. 그리고 1년 만에 그 목장은 분가를 했고, 그 후 3개의 목장으로 늘어났다. 목자의 헌신이 교회를 변화시킨 것이다. 현재 그녀는 한 마을의 디렉터 부인으로서 열심히 교회를 섬기고 있다.

2. 분가(分家)

밴드목회를 시작할 때 나는 교회성장에 대한 마음은 접었었다. 교회성장보다는 교인들의 영적인 질을 높이고, 교회의 체질을 바꾸는 것이 우선이라고 생각했기 때문이다. 그런데 이런 나의 생각은 얼마 지나지 않아 어리석은 생각이었다는 것을 알게 되었다. 목장의 성장을 통해 이전보다 더 탄력 있게 부흥하는 교회가 되었기 때문이다.

목자들의 헌신으로 목장이 성장하자 도저히 목자 한 명이 감당할 수 없는 지경에까지 이르렀다. 처음 시작할 때 3~4명으로 시작한 목장이 15명까지 늘어나 목장을 나누어주지 않으면 안 되는 상황이 곳곳에서 생겨난 것이다. 하지만 이전처럼 목회자 그룹에서 임의로 목장을 나누는 것은 의미가 없었다고 생각했다.

목장이 주님 안에 한 가족 공동체임을 강조해왔던 터라 그 가족을 임의로 나누는 것이 말이 되지 않았던 것이다. 그래서 목자에게 분가에 대한 재량권을 주었다. 그랬더니 놀랄 만한 결과가 나타나기 시작했다.

우선 목자들은 자신들이 사역하면서 임명했던 준목자들을 훈련시켜 분리될 목장의 목자로 세워나갔다. 그리고 분가를 하면서 신앙이 깊고 열심히 있는 성도들을 모두 분리하는 목장으로 보냈다. 그런 목자들에게 나는 이렇게 말하곤 했다.

"아니, 그렇게 일꾼들을 다 주고 나면 이 목장은 어떻게 운영해요? 생판 초짜들밖에 없는데……."

나의 근심스런 질문에 목자들은 하나같이 이렇게 대답했다.

"저쪽은 새로 생겨나는 목장인데, 목자가 얼마나 힘들겠어요. 그러니까 신앙이 깊고 열심 있는 사람들이 도와서 빨리 성장시켜야지요. 우리 목장이야 제가 쭉 해왔으니 다시 키우면 되고요."

우문현답(愚問賢答)이라. 예전 같으면 상상도 못할 일이었다. 전에는 연말에 속회를 나눌라 치면 한마디로 전쟁이 일어났다. 조금이라도 자기 속회에 좋은 사람을 데리고 가려고 난리를 치고, 뜻대로 안 되면 속장 그만둔다고 으름장을 놓곤 했던 사람들이다. 어쩌면 그것이 한국 교회의 전형적인 모습이 아닌가? 그러나 밴드목회를 통해 달라진 목자들은 이전과는 완전히 다른 모습을 보여주었다. 분리되어 나가는 목장이 결코 남의 목장이라 생각하지 않았다. 그곳도 역시 자신의 목장이라고 생각했다. 그것은 마치 부모가 시집 장가보내서 자식들에게 새 살림을 차려 주는 부모의 심정이었다. 그래서 우리는 목장을 나누는 것을 '분가' 라고 명하였다.

3. 모임은 엉망, 사랑은 듬뿍

한창 밴드목회가 자리를 잡아 가고 있는 와중에 목장 모임이 잘 안 되는 곳이 있다는 소문이 들려왔다. 우리 교회 돌쇠로 불리는 이강배 권사(현재 장로)가 목자로 있는 목장이었다. 이래저래 소문이 난 터라 모른 척할 수가 없어서 밴드목회연구원을 그 목장의 컨설턴트로 파견했다. 모임에 직접 참여해보고 잘 안 되는 부분이 무엇이고, 개선할 점이 무엇인지 보고하게 하려는 의도였다.

며칠 후에 내게 보고서가 들어 왔다. 거기에는 다음과 같은 글귀가 쓰여 있었다.

'충성 2목장 모임은 엉망, 사랑은 듬뿍'

무슨 소리인가 싶어 자초지종을 물었니 그 내용은 이랬다. 밴드목회연구원이 충성 2목장의 목장 모임에 참석하던 날 모임이 목자의 집에서 열렸다. 저녁 6시부터 하나둘씩 모여든 목원들은 정성스레 준비된 식탁 앞에 앉았다. 특별한 순서 없이 오는 대로 밥숟가락이 하나씩 늘어나고 식사를 마친 사람들은 방안에 들어가 차를 마시며 대화를 나눴다.

그러다 저녁 7시 30분쯤이 돼서야 15명의 목원들이 함께 목장 모임을 시작했다. 연구원은 노트북을 켜고 그들이 쏟아내는 모든 말을 기록할 요량으로 진지하게 그들의 대화에 귀를 기울였다. 그런데 이게 웬일인가? 기록할 만한 것이 하나도 없었던 것이다. 그 이유는 목원들이 하는 말이 거의 말도 안 되는 것이었고, 그나마 말이 되는 것도 주제와는 전혀 상관없는 것들이었기 때문이다. 그뿐인가. 도대체 누가 이 대화를 이끌고 나가는지 구분이 안 되는, 그야말로 난상토론, 아니 난상말잔치였다. 목장 모임이 잘 안 된다는 소문이 사실로 확인되는 순간이었다.

그러나 거기에는 한 마디로 평가할 수 없는 무언가가 있었다. 그것은 말로 형용할 수 없을 만큼 넘쳐나는 사랑이었다. 사실 목원들과 목자의 면면을 들여다보면 지면에는 밝히기 민망할 정도의 학력과 경력을 가진 이들이다. 그분들이 용서해 줄 줄 믿고 몇 가지만 밝히자면, 우선 그들 대부분이 중졸 이하의 학력에 잡상, 청소부, 가구배달 등 평범하고 별볼일 없는 직업을 가지고 있는 이들이었다. 게다가 그 중에는 직업이 없거나, 행려병자 행세를 하는 사람도 있었으니 한마디로 모임 자체가 가관이었던 것이다. 이런 목원들이 15명씩이나 모여 너도나도 말하려고 하니 대화의 중심이 잡힐 리가 있는가?

그러나 나는 그곳에서 그들만의 자유를 보았다. 이 세상에 그 누가 그들의 이야기에 귀를 기울여 줄 것인가? 오직 예수마을교회 충성 2목장만이 그들의 입을 열게 해주는 곳이 아니겠는가? 그곳에서는 말을 못한다고 그 누구도 구박하지 않는다. 엉뚱한 소리 한다고 핀잔하지도 않고, 떠들고 싶은 만큼 떠들게 한다. 그리고 그들에게는 자신들을 헌신적으로 사랑해 주는 든든한 형님 같은 목자가 있다. 새벽마다 목원들을 위해 약수터 물을 길어다 주고, 넉넉하지 않은 형편에도 상다리가 부러지도록 차려 먹이는 목자를 믿고 그의 집에 몰려 온 것이다. 그들은 전문적인 나눔(sharing)을 할 만한 능력을 가지지는 못했지만 사랑이라는 본능적 감정은 느낄 수 있었다.

여기까지 전해들은 나는 충성 2목장을 지지해주기로 마음먹었다. 비록 세상적인 기준에서는 능력이 부족하지만 세상의 그 어떤 조직이나 공동체보다 사랑이 많은 곳임을 느꼈기 때문이다. 세상에서 주눅 들고 눈치보고 살던 이들이 그리스도의 향기가 흘러나오는 목장에서 해방과 자유를 맛볼 수 있다면 거기가 바로 천국이 아니겠는가?

4. 십일조 아줌마

"오늘은 얼마 팔았어요?"

"장사가 별로 안 되네요."

"그래도 십일조 주셔야죠?"

"네, 여기 있어요."

이렇게 이상한 대화가 중앙시장 한 가운데서 오간 지 몇 달째다. 목자인 김금숙 집사(현재 권사)의 이 억척스런 행동에 모두들 혀를 내두르지만 거기에는 그만한 사연이 있다.

큰 덩치만큼 순박해 보이는 김순복 씨는 중앙시장에서 한 평 남짓한 곳에 세를 내어 김밥과 토스트를 만들어 팔던 이였다. 주일 예배만 참석하던 그녀가 처음 김금숙 집사의 목장에 배정되었을 때, 그녀의 사정을 잘 아는 이가 아무도 없었다. 그래서 목자가 된 김금숙 집사가 그녀와 조금이라도 더 가까워지기 위해 심방을 갔다. 사람들에게 물어물어 중앙시장 한 가운데 있는 그녀가 사는 곳을 찾았을 때 김금숙 집사는 큰 충격을 받지 않을 수 없었다. 그녀는 햇볕도 잘 들지 않는 시장 한가운데에 한 평 남짓한 구석방에서 두 아이와 함께 너무나 힘들게 살고 있었던 것이다. 말이 장사지 자릿세도 내지 못해, 입에 풀칠도 하지 못하는 처지였다. 때로는 재료가 없어서 주문이 들어와도 팔수가 없을 정도였다. 한 치 앞도 안 보이는 절망 속에서 그녀와 아이들이 살고 있었다.

더욱 기가 막힌 것은 그녀의 남편이었다. 그녀가 기거하는 방 더 안쪽 구석에는 남편이 살고 있었는데, 그는 근 몇 년간 사람들과 만나지 않고 그 방에서만 살고 있다고 했다. TV와 커피만 의지하고 세상과 단절한 채, 그렇게 살고 있는 것이었다. 부인은 그런 남편과 의절하고 1년 반 동안 쳐다보지도 않았다. 한 건물에 있으면서도 남같이, 아니 서로를 원수같이 여기며 밥도 같이 안 먹고 왕래 한번 하지 않은 것이다.

그 모습을 보고 김금숙 집사는 가만히 있을 수가 없었다. 목장 운영비를 털어 그녀 몰래 쌀을 사다주기 시작했다. 또한 목장 식구들과 함께 찾아가서 그녀의 아픔을 들어주고 위로해주기도 했다. 그럴 때면 주위의 장사하는 분들이 너무나 좋아했다. 세상에서 아무도 돌보지 않고 도와주지도 않는 저들을 저렇게 사랑해주는 사람이 있냐면서 커피도 타주고 대신 감사의 인사를 전하기도 했다.

그러던 어느 날 하루는 심방을 갔더니 그녀가 그 큰 눈에서 닭똥 같은 눈물을 뚝뚝 흘리며 김금숙 집사에게 감사하고 미안하다고 말하며 한참을 울었다.

목자와 목장 식구들은 그녀를 위해 모이면 기도했다. 그리고 목장 모임 때마다 그녀에게 남편과 화해하기를 간절히 권면했다. 얼음장 같은 그녀의 마음도 서서히 녹아지면서 화해의 노력도 시작되었다. 김금숙 집사는 그 집에 심방을 갈 때마다 남편과도 이야기를 나누려고 했지만, 워낙 폐쇄적인 사람이라 대화가 잘 이루어지지 않았다. 결국 김금숙 집사는 그 남편 또래의 목자인 이강배 권사(현재 장로)를 찾아가 도움을 청했다.

"이 권사님께서 그 남편을 좀 만나주세요, 저는 한계가 있습니다."

이강배 권사는 흔쾌히 승낙하고 김금숙 집사와 함께 심방을 갔다. 그리고 그 남편을 사랑으로 대하고 돌보기 시작했다. 그러던 어느 날 남편에게 일이 생겼다. 오랫동안 앓아왔던 중이염이 기어이 큰 병이 되어 고름이 철철 넘치는 상황에까지 이르게 된 것이다. 당장 수술을 해야 하는데 만만치 않은 수술비가 문제였다. 당장 끼니를 때우기도 힘든 집안 사정에 도저히 감당할 수 없는 큰돈이었다. 목자는 우선 목장 식구들에게 도움을 구했다. 그리고 마을을 찾아가 다른 목자들에게도 도움을 구했다. 모두들 흔쾌히 그분을 돕기로 하고 모금을 해서 남편을 병원에 입원시켰다.

남편은 수술을 받고, 회복되면서 태도가 달라지기 시작했다. 누구도 만나기 싫어하던 그가 사람들에게 서서히 마음의 문을 열었던 것이다. 사연을 듣고 보니 그 사람에게도 아픔이 많았다. 사람들에게 속아 잘되던 가게도 그냥 빼앗기게 되고, 그것을 비관해 도박에 손을 댔다가 완전히 폐인이 된 것이다. 그분은 사람이 싫었던 것이 아니라 사람들이 자신을 어떻게 대할지 두려워서 피했던 것이다. 그런데 일면식도 없는 사람들에게 끊임없는 사랑을 받고, 부인이 변화되는 모습을 보면서 마음을 열게 된 것이다.

그 후 그토록 폐쇄적이던 남편이 변하기 시작했다. 어느 날에는 개고기와 찌개를 준비해 놓고 목장 식구들을 불러 잔치를 베풀더니 사람들이 무서워서 잘 나오지 않던 낮 예배까지 참석하기 시작했다(지금은 집사로 예수마을교회를 섬기고 있다).

그러던 어느 날 김금숙 목자의 요청으로 마을의 목자들이 다같이 모이게 되었다. 이제 김순복 성도가 살 길을 찾아야 하지 않겠냐는 말에 모두 동의하며 그녀에게 조그만 가게라도 하나 얻어 주기로 결정했다. 우선 충성 4목장의 심억조 권사(현재 장로)가 보증을 서서 1,000만 원을 대출받아 주었고, 그 돈으로 10평 남짓한 가게를 장만했다. 가게의 인테리어는 모두 목장 식구들의 몫이었다.

가게를 오픈하던 날 모두가 좋아서 울었다. 김순복 성도도 울고, 남편도 울고, 목장 식구들도 울고, 목자도 울었다. 그렇게 울면서 김금숙 집사가 김순복 성도의 손을 꼭 붙잡고 처음 꺼낸 이야기가 이것이다.

"이제 가게도 냈으니 잘 살아야지요. 그러기 위해서 십일조 꼭 하세요. 십일조 꼭 해서 이 지긋지긋한 가난 반드시 떨쳐버립시다. 꼭!!"

그 말에 닭똥 같은 눈물을 쏟으며, 그녀는 하나님 앞에 십일조를 해서 물질의 축복을 받겠노라고 굳게 약속했다. 그런데 모든 것이 잘 되려니 마귀가 역사한다고, 십일조를 한다던 그녀가 십일조를 잘 하지 않는 것이었다. 그래서 목자가 시장으로 달려갔다.

"아니, 왜 십일조 약속을 안 지키세요?"

"안 지키는 것이 아니라 못 지키는 겁니다."

사정은 이랬다. 장사 초기에 운영자금으로 근처 일수 아줌마들에게 빌린 돈 때문에 물건을 팔기가 무섭게 다 빼앗겨 버린다는 것이다. 그 말을 듣고 김금숙 집사는 이렇게 말했다.

"믿는 자들이 십일조 안 하면 절대로 복 못 받습니다. 어차피 일수쟁이들에게 뺏길 돈이면 하나님께 십일조부터 바치세요. 그래야 가난을 이기고 복 받습니다. 제가 일수 아줌마들보다 먼저 와서 십일조 받아 갈게요."

이렇게 해서 이 기가 막힌 십일조 일수 아줌마 행세가 시작된 것이다. 날마다 시장에 들러 일수 아줌마들처럼 십일조를 받아

오는 목자. 일수쟁이들에게 주느니 하나님께 드려 복을 받겠다는 김순복 성도. 이 둘의 기괴한 관계는 그 후로도 계속되었다.

5. 오이코스 전도

오이코스 전도 이론은 여러 사람들이 이미 연구하고 발전시켜 온 분야이다. 특히 셀 목회의 선구자인 랄프 네이버는 그의 저서 《셀 목회 지침서》에서 이에 관해 자세히 설명해 놓았다. 그러나 모든 이론이 그렇듯 그것이 어떻게 교회 현장에서 적용되느냐가 관건이다. 사실 랄프 네이버가 설명해 놓은 오이코스 전도 이론은 일면 타당하기도 하지만 한편으로는 실제로 적용하기가 쉽지 않다. 특별히 교육수준이 높지 않은 예수마을교회 교인들에게는 더욱 그러했다. 아무리 쉽게 설명해도 잘 이해하지 못했다.

"그러니까 목사님 말씀의 요지는 동네 사람들하고 친하게 지내라는 것 아닌가요?"

딱히 틀린 말도 아니고 다르게 설명하기도 벅차고 해서 “그렇다”고 대답했다. 그랬더니 하는 말,

“그러면 목장에 동네 사람들 초청하면 되겠네요.”

“그게 가능하겠어요?”

“못할 것도 없지요. 그런데 조금 세속적으로 놀아도 되지요?”

이렇게 해서 예수마을교회표 오이코스 전도가 시작되었다. 목장마다 문을 활짝 열어놓고 동네 사람들을 초청해 함께 먹고 마시며 노는 것이다. 그 어떤 형식이나 명분에도 얽매이지 않고 그들과 어울렸다. 가끔씩 오버하는 교인들도 있었지만 대부분 적당하게 동네사람들의 정서에 맞춰주면서 자신의 삶에 대해 진솔하게 이야기를 나누었다. 반응은 대만족이었다. 동네 사람들은 교회가 이렇게 자신들을 향해 문을 활짝 연 것 자체도 신기했지만 무엇보다 극진한 대접과 열린 자세에 그들의 마음이 움직였다.

이렇게 해서 생긴 것이 바로 오이코스 전도의 날이다. 이 모임에 친구, 직장 동료, 동네 사람들 가릴 것 없이 데리고 와서 같이 즐거운 시간을 보낸다. 아직은 교회 공식 예배에 참석할 용기가 없는 사람들이지만 목장이 교회이기 때문에 반은 전도된 것이나 다름이 없다.

실제로 오이코스 모임이 끝나고 나면 공식 예배에 참석하고자 하는 사람들이 적잖게 생긴다. 왜냐하면 그들 대부분이 복음이 싫다기보다는 교회 다니는 사람들의 행동이 싫어서 교회를 멀리

한 사람들이기 때문이다. 그러한 선입관이 사라지면 금세 마음이 열렸다.

6. 밴드 형성의 시행착오

밴드목회가 아무런 문제없이 여기까지 왔다면 얼마나 좋았을까? 하지만 밴드목회를 시행하는 과정에서 많은 시행착오를 겪었음을 솔직히 고백한다. 그럼에도 불구하고 수많은 시행착오 끝에 밴드목회의 틀은 더욱 견고해졌다. 때로는 밴드목회 초창기에 밴드목회를 전파하며 목회자들에게 전해주었던 내용이 막상 목회 현장에 적용해보니 제대로 실행되지 않는 것도 있었다. 여기서는 지난날 겪어왔던 시행착오를 함께 나눠보고자 한다.

밴드목회 이론에 따르면 목장의 형성보다 밴드의 형성이 먼저 되어야 한다. 이치상으로도 장성한 가정이 있어야 어린 아이가 태어날 수 있는 것이다. 그런데 나는 토양화 작업과 밴드목회 1단계 공부를 마치자마자 그들을 목자로 임명하고 곧바로 목장

체제로 전환해 버렸다. 처음에 그 시도는 매우 성공적이어서 수많은 간증과 부흥을 가져다주었다.

그런데 목회는 장기적이라는 사실을 뼈저리게 느끼게 하는 일들이 일어났다. 한 1년 정도 목장이 잘 되더니 조금 시들해지는 기미가 보이기 시작한 것이다. 나는 아차 싶었다. 내 생각에 이 문제를 돌파하는 길은 두 가지인데 하나는 밴드의 조속한 형성이고, 또 하나는 끊임없는 전도와 분가였다. 그래서 먼저 잘 훈련된 목자들을 중심으로 1차적으로 밴드를 형성했다. 또한 1단계 공부를 마친 준목자 그룹도 밴드에 포함시켰다. 이미 밴드에 대해 수없이 들어왔던 터라 그들은 모두 순순히 밴드에 가입해주었다. 목장과 같은 기준으로 비슷한 연령에 같은 성(性)으로 구성된 5개의 밴드를 운영하기 시작했다.

갑자기 구성하긴 했지만 별 문제 없이 잘 진행되는 것 같았다. 그러나 그들에겐 치명적인 약점이 하나 있었는데, 그것은 이미 1년 동안 한 목장의 목자였다는 사실이다. 한 조직의 우두머리로 대접받고 어른 노릇을 하다 보니 자신들도 모르게 그 습성이 몸에 배어 있었다. 그것은 마치 우리 목회자들의 모습과 같다고나 할까? 그래서 밴드원들은 하나가 되지 못하고 있었다. 목장 사역은 잘하면서도 밴드 모임은 부담스러워하는 이상한 형국이 돼버린 것이다. 결국 시간이 흐르자 밴드와 목장 둘 다 주춤하게 되었다. 그도 그럴 것이 밴드와 목장 모임 둘을 동시에 진행하는 데서 오는 육체적 피로가 적지 않은 데다 그것을 극복하는 유일한 힘은 모임의 '즐거움' 인데 오히려 부담만 주니 잘 될 리가 없었다.

그러나 그것은 시작에 불과했다. 계속해서 다양한 측면에서 어려움이 쏟아져 나오고 있었다. 우선은 후발 밴드원이 밴드에 들어오면 밴드의 분위기가 깨진다고 불평이 터져나왔다. 일면 타당한 측면도 있어서 나중에 개선해 주었지만 그러한 반응은 자못 실망스러웠다. 그들의 모습이 너무 배타적이고 성숙한 그리스도인의 모습이 아니었기 때문이다. 이러한 문제의 연장선상에서 목자와 준목자가 한 밴드에 있는 것도 문제가 되었다. 목자들이 준목자 앞에서 자신의 치부를 드러내는 것이 싫다는 것이었다. 그러나 그것은 엄격한 의미에서 밴드 정신에 어긋나는 생각이었다. 밴드가 교회의 모든 사역의 핵심이며, 목장사역은 그 중 일부인데 이건 아예 목장이 교회의 중심이 되어 버린 느낌이었다.

이 모든 문제의 원인은 목장을 먼저 세운 데 있었다. 지도자급을 훈련시키고 그들을 우선 밴드 안에 묶어 철저하게 성화훈련을 시킨 다음 목장의 지도자로 파송했어야 하는데 급한 마음에 거꾸로 진행했다가 잃은 게 너무 많았다. 나는 이 문제를 해결하는 데 3년의 세월을 보내야만 했다. 그간 몇 번이고 밴드의 운영과 구성을 바꾸어 가면서 밴드원들이 하나 되고 목자로서의 특권의식을 버리도록 독려했다. 밴드를 먼저 형성했더라면 거치지 않았어도 될 어려움이었다. 5년 가까이 지나서야 비로소 밴드가 제자리를 잡기 시작했다. 요즘은 밴드원들이 목장보다도 밴드가 더 좋다고 말한다.

근래에도 밴드목회 세미나를 통해 밴드목회를 시도했다가 많은 분들이 내가 겪은 문제로 연락해 오신다. 그렇게 해서는 안 된다고 신신당부를 드렸건만, 단기간에 승부를 내고 싶은 마음에서 나타난 문제이다. 한번 저질러 놓으면 수습하기가 쉽지 않다. 처음부터 단추를 잘 꿰면 훨씬 쉽다. 그래서 타산지석(他山之石)이란 말도 있지 않은가? 아무쪼록 거룩한 씨앗인 밴드원을 먼저 잘 만들어 나와 같은 시행착오를 겪지 말고 튼튼한 밴드교회를 세워가길 바란다.

7. 또 하나의 시행착오

또 하나의 시행착오는 바로 준비되지 않은 지도자들 때문에 발생한 문제이다. 물론 양적 부흥에 대한 나의 열망도 그러한 시행착오에 한몫을 했다. 그 과정은 이러했다.

초기에 밴드목회를 시작하자 영적으로 도전을 받은 목자들에 의해 목장이 부흥하기 시작했다. 그러다 보니 목자 혼자서는 감당할 수 없는 숫자의 사람들이 몰려왔다. 집단 상담에서는 15명까지가 소그룹 모임의 적당한 한계라고 했지만 그건 전문적으로 훈련받은 사람의 이야기다. 그저 평범한 예수마을교회 교인들에게는 어림도 없는 일이었다. 그저 10명만 넘어서도 감당하기 어려워했다. 그래서 제시한 기준이 12명이다. 원래 속회의 기본 단위였기도 했지만 그 정도는 돼야 나누어져도 역동성을 잃지 않을 것 같았기 때문이다.

그러나 분가의 방법은 전적으로 목자 자신에게 맡겼다. 누구를 어떻게 배치하든 그것은 구성원들을 가장 잘 아는 목자들의 몫이었다. 목자들은 역시 대단했다. 그들은 분가를 계획하면서 제법 훈련이 잘되고 신앙심이 있는 목원들을 새로 분가하는 목장에 배치했다. 자신은 부흥시킨 경험이 있기 때문에 신앙심이 여린 사람들을 데리고도 잘 할 수 있겠지만, 새로 분가해 가는 목장의 목자는 그렇게 하기가 쉽지 않을 것이기에 조력자들을 함께 보내는 것이었다. 이 얼마나 감동적인 모습인가?

그러나 그 감동은 오래가지 못했다. 몇몇 나누어진 목장이 금방 쇠퇴하는 모습을 보인 것이다. 그러한 목장들은 하루가 다르게 모이는 숫자가 줄고, 모임의 역동성도 약해졌다. 왜 그런지 궁금했다. 어째서 분가된 다른 목장은 잘 되는데 저 목장은 안 될까? 조사해 보니 약간의 차이는 있었지만 그 원인은 바로 목자의 차이에 있었다. 쇠퇴하는 목장의 목자는 확실히 준비가 덜 되어 있었다. 이것은 그 후에도 확인된 바 백이면 백, 사실이었다.

또 한 번 자존심을 구길 때가 되었다. 자랑스럽게 분가한 목장들 중 몇몇이 완전히 아사직전까지 갔으니 말이다. 고심 끝에 나는 직권으로 두 목장을 합치게 했다. 한 마디로 원상복구였다. 이미 목자로 승진(?)한 이들이 다시 준목자로 강등(?)되는 현실을 받아들일 수 있을지 의구심이 있었지만 죽어가는 영혼들을 하루빨리 살려야 된다는 생각에 그 같은 결정을 내렸다. 놀랍게도 합치니 다시 살아났다. 역시 목자의 역량이 중요했다.

이 경험을 통해 나는 중요한 사실을 깨닫게 되었다. 숫자 놀음에 얽매이면 망한다는 것이다. 숫자가 좀 많아서 모임 진행이 어려워지고 원칙상으로도 분가해야 할 시점에 이르렀다고 해서 준비도 되지 않은 사람을 지도자로 세워 나눈다면 반드시 침체된다. 가장 중요한 것은 준비된 지도자이기 때문이다.

이 후로 나는 목자가 준비되지 않으면 목장을 분가하지 않았다. 사람이 너무 많아도 그대로 둔다. 지도자가 없기에 어쩔 수 없다. 그렇게 가는 것이 지도자 없이 분가하는 것보다 훨씬 낫다는 사실을 잘 알기 때문이다.

이러한 경험 후에 나뿐 아니라 목자들에게도 한 가지 변화가 일어났다. 이전에는 목원들 챙기는 데만 급급했는데, 이젠 준목자를 우선적으로 챙기고 많은 사역의 기회를 제공하여 목자 감으로 훈련시키는 데 관심을 많이 둔다. 하마터면 애써 일구어 놓은 목장을 망칠 뻔했다는 사실이 목자들을 이렇게 변화시킨 것이다. 명심하라! 원칙을 기준으로 하되, 적용은 현장에 맞게 해야 한다.

8. 밴드원 아가페

밴드원들에게는 권리보다는 의무가 많다. 하나님 나라의 사역이 갖는 특성상 자신을 희생하는 일이 대부분이기 때문이다. 그래서 성화를 목표로 하는 삶을 살지 않고는 밴드원으로 살아가기가 쉽지 않다. 하지만 이런 밴드원들에게도 특권이 하나 있다. 그것은 3개월에 한 번씩 밴드원들끼리 갖는 사랑의 모임, 즉 밴드원 아가페이다.

밴드원 아가페는 말 그대로 밴드원들의 사랑을 확인하고 표현하는 장이다. 이 모임은 분기별로 한 번씩 모이는 것을 원칙으로 하지만 상황에 따라 그보다 더 늦춰질 수도 있고, 당겨질 수도 있다. 이는 담임 목회자의 영적 판단과 평신도 지도자들과의 협의를 통해 진행한다.

모임은 만찬을 나누는 친교로 시작된다. 초대교회의 만찬과 같이 서로 음식을 나누는 가운데 친밀한 교제를 느낄 수 있기 때문이다. 일단 만찬이 끝나면 담임 목회자의 메시지가 있고, 이어서 밴드 모임을 비롯한 기도회, 세족식, 성찬식, 애찬식 등 그때그때 교회의 영적 필요에 따라 다양한 프로그램을 진행한다. 가장 중요한 것은 정신인데 "밴드원들 모두가 그리스도의 사랑으로 말미암아 하나님의 자녀가 되었고, 주안에서 한 가족이 되었음을 확인하는 것이 중요하다." 이렇게 받은 은혜는 서로를 위해 간절하게 기도하는 중보기도의 시간으로 이어진다. 이 시간이 밴드원 아가페의 꽃이라 할 수 있다. 이 중보기도 시간을 통해 서로를 더욱 한 가족으로 느끼게 되며, 함께함을 통한 성령의 놀라운 역사를 경험할 수 있다. 중보의 기도가 끝나면 자유롭게 그 날 받은 은혜를 간증으로 나누고 축제의 찬양을 드리는 것으로 마무리한다.

밴드원에게 있어서 이와 같은 아가페 모임은 정말 소중한 시간이다. 지쳤던 심신을 다시금 새롭게 회복할 수 있는 시간임은 물론 밴드원 모두가 서로를 끝까지 책임져 줄 수 있는 한 가족 됨을 체험하는 복된 시간이기 때문이다.

9. 이웃과 더불어

밴드목회가 예수마을교회에 완전히 뿌리를 내리고 전교인들이 성화를 목적으로 하는 밴드원이 되고자 훈련을 받게 되자 나의 관심은 교회 밖으로 쏠리게 되었다. 알다시피 성화란 것이 결국은 하나님 나라의 완성이 아닌가? 그 하나님의 나라는 비단 교회 안에서만 이루어지는 것이 아니라 우리가 일상을 살아가고 있는 사회 한가운데서도 실현되어야 한다. 그것을 나는 '사회적 성화' 라고 말한다.

내가 사회에 관심을 가지게 된 이유 중 하나는 예수마을교회를 좀더 탄탄한 기반 위에 세우기 위함이었다. 물은 고이면 썩게 마련이다. 우리가 만약 우리끼리 만의 삶을 추구한다면 당장에는 좋은 것 같지만 언젠가 마귀가 역사하게 된다. 교회는 반드시 세상과 접점이 닿아 있어야 하는데 솔직히 지금까지의 교회는 그 접점을 '전도' 라는 개념에만 맞추어 왔다. 하지만 이제는 사회와의 접촉점을 더 확대할 필요가 있다. 하나님께서 우리보다 먼저 역사하고 계시다는 믿음을 갖고 사회의 부조리와 맞서고 어두운 곳을 밝히는 사역을 감당해야 하는 것이다. 그래서 나는 성숙한 그리스도인들이 이 사회에서 NGO운동을 일으켜야 한다고 생각한다. 그러한 사명을 감당해나가는 과정에서 밴드가 더욱 굳건하게 뭉치게 되는 것이다.

이 확신과 함께 나는 '지역을 섬기는 주님의 공동체' 라는 개념으로 교회의 방향을 이끌어가고 있다. 그 과정의 결과물들이 나의 목회 30년을 정리하며 쓴 책 **《예수마을 이야기》**에 잘 담겨져 있다. 적어도 밴드목회에 관심을 갖고 이 책을 여기까지 읽었다면 꼭 《예수마을 이야기》를 함께 정독하라고 권하고 싶다. 특별히 《예수마을 이야기》 4부와 5부는 예수마을의 현재의 모습 뿐 아니라 미래의 목회비전까지 한 폭의 그림처럼 잘 묘사해 놓았다. 한 마디로 말해 교회의 체질을 바꾼 후 교회가 어떻게 나아왔는가에 대한 발자취와 또한 앞으로 어떤 방향으로 나아갈 것인가에 대한 나의 생각들이 담겨 있다.

이제 예수마을교회 밴드원들은 이전과는 전혀 다른 자세로 세상을 본다. 저 세상이 내 자식이 살아갈 곳이며, 하나님이 예비하신 나의 형제자매들이 살아가는 장이라고 생각하는 것이다. 그들은 타락한 세상을 위해 썩어져야 할 한 알의 밀알이 바로 자신임을 깨닫고, 이웃을 위해 기꺼이 속옷까지 벗어주고, 십 리를 동행하기를 결단하고 있다. 이 땅위에 하나님 나라를 건설하기 위해서 말이다.

10. 밴드목회, 그 끝나지 않은 실험

지금까지 밴드목회를 하면서 몇 번의 전환점을 거쳤다. 물론 단절은 아니었다. 개인과 교회가 이 땅 위에 하나님 나라를 실현하기 위해 나아가야 한다는 거대한 목표는 단 한 번도 변한 적이 없었다. 다만 경험의 축적을 통해 탈바꿈했을 뿐이다. 항상 이전보다 더 나은 모습, 더 나은 목회를 꿈꾸며 끊임없이 노력해 왔다.

결국 목회는 도전이다. 현실에 안주하는 것이 아니라 계속해서 나를 부인하고 자기 십자가를 지고 나아가는 것이다. 교인이 많아서, 예산이 많아서 안주한다면 그것은 이미 목자의 심정이 아니리라. 지속적으로 경험을 축적하고 축적된 경험을 현장에 반영할 때에만 목회는 발전한다고 믿는다.

우리가 믿는 하나님은 완전한 분이지만 우리는 결코 완전하지 못하며, 목회 또한 완벽하지 않다. 이 점에서는 밴드목회도 예외는 아니다. 하루에도 수십 번씩 "무엇을 선택해야 하는가?" 하는 물음을 던진다. 그것이 어쩌면 목회자의 숙명일 것이다. 하지만 한 가지 분명한 진실은 밴드목회가 끊임없이 발전하고 있다는 것이다. 그래서 이 실험은 아직 끝나지 않았다. 그리고 이후에도 나의 목회 후배들을 통해 끊임없이 이어질 것이다.

나는 나의 목회의 끝을 가끔 상상하곤 한다. 그것은 이 세상에서가 아니라 주님의 나라에서야 마침내 끝맺게 될 것이다. 그 나라에 이르는 날 주님으로부터 "잘하였도다, 착하고 충성된 종아! 네가 작은 일에 충성하였으니 이제 네 주인의 즐거움에 함께 참여하자꾸나." 하는 칭찬 한마디면 된다. "잘하였도다. 착하고 충성된 종아!" 이 한 마디면 충분하지 않은가? 우리 이 칭찬과 상급을 받기 위해 함께 뛰어보자. 주님이 미소 지을 수 있도록 내 자신이 바로 서고, 주님이 함박 웃을 수 있도록 이 땅 곳곳에 하나님 나라를 건설해보자. 그때 주님께서 우리를 통해 영광을 받으시고, 우리 인생에 한없는 상급으로 갚아 주실 것이다.

교회의 체질을 바꿔라

에필로그

오직 하나의 푯대를 향하여 뒤돌아보지 않고 달음질해 온 나의 목회 초기 시절들……. 오로지 복음의 전파와 구령의 열정으로 스스로를 가혹하리만치 채찍질해왔던 세월들이었다. 당시 사람들은 내게 성공한 목회자, 능력 있는 부흥사 등의 칭호를 붙여 주었지만 나의 궁극적인 관심은 그러한 세상의 평가가 아니라 나의 유일한 주인 되신 예수님의 마음이 어디에 있느냐는 것이었다. 적지 않은 위험부담을 안고서 굳이 밴드목회를 시작한 것도, 이미 안정된 교회를 새롭게 개혁한 것도 모두 이러한 나 자신의 목회철학 때문이었다.

숲에서 나와야 비로소 숲을 볼 수 있다고 했던가? 이 책을 쓰면서 나는 이제야 내가 걸어왔던 목회의 윤곽을 본 느낌이다. 숨가쁘게 지나온 세월을 되돌아보면서, 그리고 과거와 현재와 미래의 내 목회에 대한 기억을 펼쳐보는 시간 속에서 나는 다시금 내 목회를 비판적으로 성찰(critical reflection)할 수 있었다. 거기에는 말로는 형언할 수 없는 뜨거운 감사의 시간들이 있었고, 좌절과 눈물과 도약의 시절들이 있었으며, 인생과 사역에 관한 진지한 질문들이 있었다. 또한 늘 그러했듯이 그곳에는 예수님이 함께 계셨다.

새롭다는 것은 우리에게 막연한 동경을 주지만, 동시에 미지의 세계에 대한 두려움도 불러일으키게 마련이다. 더구나 가보지 않은 길을 간다는 것은 그만큼 많은 시행착오를 전제로 한다. 밴드사역이라는 지향점 역시 우리 시대의 그 누구도 밟아 보지 못한 처녀지였으므로 동일한 경험을 할 수밖에 없었다. 결국 나와 우리 교인들은 밴드 사역을 실현해가는 과정에서 참으로 많은 시행착오와 난관을 극복해야만 했다. 어떤 때는 지체의 일부분이 떨어져 나가는 아픔도 있었고, 어떤 때는 과연 이 길이 맞는 것인가 하는 회의가 일어날 때도 있었다. 그와 같은 크고 작은 위기의 순간들을 넘어 우리는 여기까지 왔다. 그것은 실로 하나님의 은혜였다. 그 은혜가 없었다면 척박한 시장 한가운데에서 교회를 개척하는 것도, 중년의 나이에 들어서야 깨달은 밴드 사역을 펼쳐가는 것도 다 불가능했으리라!

새로운 목회의 길은 나와 우리 교인들에게 미지의 땅으로 떠나는 '아브라함의 믿음' 과 죽으면 죽으리라 고백했던 '에스더의 결단' 과 굳은 신앙의 정절을 지킨 '다니엘의 충성' 까지 두루 요구하였지만 하나님은 그때마다 우리에게 능히 감당할 수 있는 힘과 능력을 허락해주셨다. 그것이 지금에 와서는 이 책을 통해 소개한 우리의 신앙과 간증이 되었다.

밴드목회를 연구하고 깨달아가는 과정 가운데 수시로 경험했던 어린아이와 같은 설렘과 떨림은 나와 부교역자들 모두가 잊지 못할 특별한 기억이 되어 버렸다. 많은 사람들이 가장 이상적인 교회의 모델을 초대교회에서 찾고 있지만 사실 사도들에 의해 남겨진 글을 보면 초대교회도 오늘날 교회들이 씨름하는 문제들을 고스란히 지니고 있었음을 알 수 있다. 그럼에도 불구하고 초대교회에 하나님의 역사가 활발하게 일어났던 것은 초대교회가 모이기에 힘쓰는(히 10:24-25; 행 2:46, 12:12) 아름다운 가정 공동체였기 때문이다. 내가 꿈꾸는 교회도 이런 교회이며, 그 결과물로 나온 것이 밴드목회이다.

사람들은 이제 한국 교회가 끝났다고들 말한다. 어떤 이들은 오늘날 노인들만 남아 있는 미국과 유럽 교회들의 현상이 이미 한국에서도 시작되었다고 분석하기도 한다. 오늘날 이 세상을 변화시키지 못하는 무기력한 한국 교회 성도들을 볼 때에 그 말이 부인할 수만은 없는 사실로 느껴지기도 한다. 그러나 나는 그렇게 생각하지 않는다. 시대가 악하고 패역할 때마다 하나님은 늘 '남은 자(거룩한 씨)' 들을 통하여 하나님의 역사를 이어갔기 때문이다.

그런 의미에서 볼 때 밴드목회가 현대 교회들에게 하나의 희망의 빛이 될 수 있다고 본다. 밴드목회의 목적이 한 사람의 새신자를 예수님의 형상을 닮은 거룩한 자로 변화시키는 데 있기 때문이다. 아무쪼록 이 밴드목회를 통해 변화된 하나님의 자녀들이 이 땅 위에 하나님 나라를 건설해 나가는 모습이 곳곳에서 나타나기를 소망해 본다. 그 꿈을 이루기 위해 나는 달려간다. 주님의 나라에 이르는 그날까지…….

판권
소유

교회의 체질을 바꿔라

2012년 12월 10일 인쇄
2012년 12월 15일 발행

지은이 | 장학일
발행인 | 이형규
발행처 | 쿰란출판사

주소 | 서울특별시 종로구 이화동 184-3
TEL | 02-745-1007, 745-1301, 747-1212, 743-1300
영업부 | 02-747-1004, FAX / 02-745-8490
본사평생전화번호 | 0502-756-1004
홈페이지 | http://www.qumran.co.kr
E-mail | qrbooks@gmail.com
qrbooks@daum.net
한글인터넷주소 | 쿰란, 쿰란출판사

등록 | 제1-670호(1988.2.27)

책임교열 | 송은주

값 10,000원

ISBN 978-89-6562-405-9 03230